AF637921

Nicolas Pethes
Springsteen
A Lifetime Conversation

Popgeschichte

Herausgegeben von Gerhard Kaiser
Redaktion: Rahel Simon

Nicolas Pethes

Springsteen

A Lifetime Conversation

Wallstein Verlag

Nicolas Pethes, geb. 1970, ist Professor für Neuere deutsche Literatur an der Universität zu Köln und Mitherausgeber der Zeitschrift »Pop. Kultur und Kritik«.

Bibliographische Information der Deutschen Nationalbibliothek
Die Deutsche Nationalbibliothek verzeichnet diese Publikation in der Deutschen Nationalbibliographie; detaillierte bibliographische Daten sind im Internet über http://dnb.d-nb.de abrufbar.

© Wallstein Verlag, Göttingen 2024
www.wallstein-verlag.de

Vom Verlag gesetzt aus der Bely
Umschlaggestaltung: Eva Mutter (evamutter.com)
Druck und Verarbeitung: Pustet, Regensburg
ISBN 978-3-8353-5752-5

Inhalt

You talkin' to me?
Robert de Niro, Taxi Driver, 1976

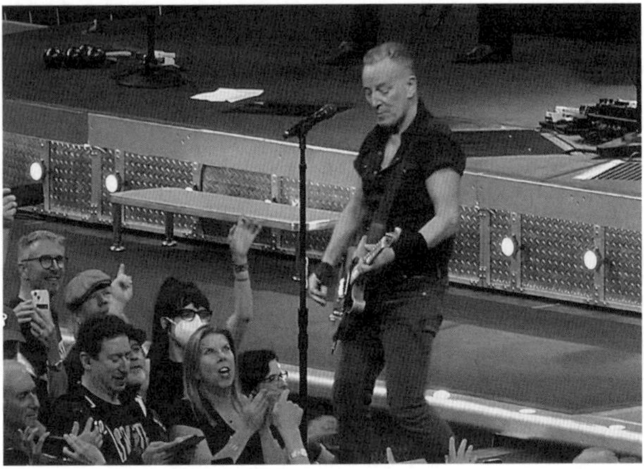

1 »A means of communication«

Verbindungen suchen

An einem wolkenverhangenen Vormittag kurz vor Frühlingsanfang gehe ich über den Boardwalk am Atlantikstrand von Asbury Park, New Jersey. Im Sand steht ein Schild, das Gäste mit der Aufschrift »Greetings from Asbury Park« begrüßt. Ein paar Schritte links davon ist auf der Bude einer Wahrsagerin »Madam Marie's« zu lesen und dahinter auf Ocean Avenue das flache, weiße Backsteingebäude mit der Aufschrift »The Stone Pony« zu sehen, in dem ich am Abend ein paar lokale Nachwuchsbands hören werde. Ich bin am Tag zuvor nach dem Konzert von Bruce Springsteen und der E Street Band in Philadelphia über Freehold und Colts Neck hierhergefahren und wohne im Empress-Hotel, dessen Schriftzug man spiegelverkehrt auf dem Cover von Springsteens erster Top Ten-Single, »Hungry Heart« von 1980, erkennen kann. Zum ersten Mal bewege ich mich also zwischen den Erinnerungsorten, an denen Springsteens Karriere vor über einem halben Jahrhundert begonnen und die er immer wieder besungen hat. »Seaside Bar Song«. »Born to Run«. »My Hometown«. »Tunnel of Love« (ein Songtitel, dessen Schriftzug eine weitere Bar auf Ocean Avenue ziert). »My City of Ruins« …

Während mir trotz der menschenleeren Spielarkaden an der Uferpromenade leise die Zeile »a carnival life forever« aus dem Song »4th of July, Asbury Park (Sandy)« durch den Kopf geht, schließt sich ein Kreis zu der Zeit, in der ich Springsteens Musik das erste Mal gehört habe – in einer südwestdeutschen Kleinstadt Mitte der 1980er Jahre vor dem Kassettenrekorder kauernd, um bei der Hitparade auf SWF

3 rechtzeitig auf »play« und »record« zu drücken, wenn das Intro eines Stücks vielversprechend klang. Bis meine druckbereiten Finger einmal erstarrten, als über einem gedämpften Gitarrenpicking eine Stimme ertönte, deren physische Präsenz im Raum sich direkt an mich zu richten schien. Was diese Stimme sang, verstand ich seinerzeit noch gar nicht so richtig, aber dass da jemand »on fire« war, vermittelte sich auch so – und galt von diesem Augenblick an auch für mich.

Die Wirkung dieser zündenden Begegnung hat sich als nachhaltig erwiesen. Auf der wenig später angefertigten Kassettenkopie von Bruce Springsteens Album *Born in the U.S.A.* folgte auf »I'm on Fire« der Schlagzeugwirbel, der »No Surrender« eröffnet, eine Hymne auf den Jugendtraum von Freiheit und Musik. »We learned more from a three minute record, baby / Than we ever learned in school«, lautete hier die Botschaft, deren Wahrheit ich gerade am eigenen Leib erfuhr, und auch der Glaube »we could cut someplace of our own with these drums and these guitars« schien kein bloßer Wunschtraum, sondern hier tatsächlich verwirklicht worden zu sein.

Fast vierzig Jahre nach dieser Begegnung eröffnet »No Surrender« auch das erste Konzert, das ich auf Springsteens Tour 2023 in Philadelphia besuche, und wenige Tage darauf höre ich in State College, Pennsylvania auch »I'm on Fire«. Das ist nicht unbedingt ein Lieblingslied, aber eines, dessen ungezähltes Erklingen zwischen Konstanz am Bodensee und dem Hinterland östlich des Susquehanna für die Beständigkeit eines Gefühls steht, das mein Erwachsen- und Älterwerden begleitet hat: von dieser Musik und dieser Stimme angesprochen zu werden.

Dieses Gefühl hat offensichtlich keine reale Grundlage. Popmusikerinnen und Popmusiker singen in Studiomikrophone bzw. sehen bei Live-Auftritten ihr Publikum im Gegenlicht der Scheinwerfer kaum – geschweige denn, dass sie einzelne Fans adressieren können. Und dennoch ist es *als Gefühl* real und wird, im Fall von Springsteen, zudem von Millionen Menschen weltweit geteilt. Man muss nur einen Blick in Fanforen wie *Backstreets BTX* werfen, eine Folge des Podcasts *That One Lyric* hören oder den Dokumentarfilm *Springsteen and I* ansehen, um einen Eindruck davon zu erhalten, wie viele Menschen Springsteens Musik nicht nur schätzen, sondern empfinden, dass sie ihr Leben berührt und geprägt hat. Trotz seines seit Jahrzehnten etablierten Status als Superstar und obwohl ihm all diese Fans im Regelfall nie begegnet sind, nehmen Fans Bruce Springsteen als authentisch greifbare Person wahr, deren Songtexte, Bühnenansprachen und Interviewaussagen Botschaften vermitteln, die als energetisierende Inspiration, sinnstiftende Stütze und mitunter sogar als rettender Ausweg aus Lebenskrisen beschrieben werden.

Diesen Empfindungen wollte ich nach meinen Eindrücken aus Asbury Park und den vielen Begegnungen mit anderen Springsteen-Anhängerinnen und -Anhängern in Philadelphia, State College sowie einer Reihe weiterer Orte auf der Europatour im Frühjahr und Sommer 2023 nachgehen: Wie ist es möglich, dass sich Fans immer wieder aufs Neue gemeint und verstanden fühlen, wenn sie Songs wie »Thunder Road«, »Badlands« oder »The River« hören? Um eine solche Beziehung zwischen einem Künstler und seinem Publikum nachvollziehen zu können, müsste man Popmusik selbst als eine bestimmte Form von Kommunikation begreifen – und genau das möchte ich in diesem Buch versuchen.

Bruce Springsteen ist in der langen Geschichte der Pop- und Rockmusik nur ein Beispiel für einen solchen kommunikativen Austausch – schon für den Beginn der Erfolgsgeschichte des Rock'n'Roll war es dem Produzenten Sam Phillips zufolge der »factor of communication«, den Elvis Presley anderen Künstlerinnen und Künstlern vorausharte (Guralnick 1994, 141). In den 1960er und 70er Jahren waren es die Grateful Dead, die für ihre Anhänger (die »Deadheads«) zum lebensbegleitenden Soundtrack wurden. Jüngeren Jahrgängen werden Pink, Taylor Swift oder Harry Styles näherstehen – auch deren Erfolg beruht darauf, sich als nahbare und warme Persönlichkeiten zu geben, die Kontakt zu ihrem Publikum suchen. Und doch scheint die Verbindung, die Fans über Jahrzehnte hinweg mit Springsteens Musik und Person empfinden, in der Popgeschichte von besonderer Intensität zu sein – zumal vor dem Hintergrund, dass andere Stars wie Bob Dylan, Mick Jagger oder Madonna ihren Erfolg auf das entgegengesetzte Modell gründen und auf eine Aura des Geheimnisses, der Coolness oder der Unnahbarkeit setzen. »[H]e's real«, hat Foo Fighters-Sänger Dave Grohl nach einer Begegnung mit Springsteen einmal als Grund angegeben, warum »millions of people identify with him« (Dore 2022, 267). Und der Singer-Songwriter Steve Earl hat in einem jüngeren Interview bündig befunden: »Bruce Springsteen is the best communicator I ever saw in rock'n'roll.« (Ebd., 148)

Der besondere Stellenwert dieser Vorstellung einer Kommunikation zwischen Künstler und Publikum gründet auch darauf, dass Springsteen sie selbst zum Kern seiner Karriere erklärt hat. So sagte er 2012 in einem Gespräch mit dem Comedian Jon Stewart im *Rolling Stone*:

> The only thing I do keep in mind is that I'm in the midst of a lifetime conversation with my audience, and I'm trying to keep track of this conversation [...], while giving myself the musical freedom I need. [...] I'm proud of our

> band in that we've maintained an audience who want to listen to us, in the sense that they're interested in not just what you were saying in '85 or '80, but interested in what we're saying right now – what's the next step we're going to take together, what are we going to argue about, what are we going to debate the meaning of? (Stewart 2012, 43)

Den Grundstein für diese Fancommunity hat der 1949 geborene Springsteen Ende der 1960er und Anfang der 1970er Jahre mit verschiedenen Bar-Bands in dem Küstenstädtchen Asbury Park eine Autostunde südlich von New York gelegt. Sein erstes Album – dessen Titel eine Postkarte der Stadt zitierte und im Gegenzug heute auf dem eingangs beschriebenen Schild am Strand zitiert wird – brachte ihm 1973 den Ruf eines »New Dylan« ein. Im Jahr 1975 gelang ihm mit dem Album *Born to Run* der Durchbruch als »rock and roll future«, und seit der Tour zu *Darkness on the Edge of Town* von 1978 gelten Bruce Springsteen und die E Street Band als einer der besten Live Acts der Rockgeschichte. Ihren Höhepunkt erreichte diese Karriere mit dem Album *Born in the U.S.A.* und der anschließenden Welttournee 1984/85 (vgl. Marsh 1987). Zu ihren Besonderheiten gehört aber, dass Springsteen die Konversation mit seinem Publikum nicht nur aufrechterhalten, sondern in späten Alben wie *The Rising* (2002) oder *Wrecking Ball* (2012) weiter vertieft hat, so dass seine Tourneen auch nach einem halben Jahrhundert immer noch in Minutenschnelle ausverkauft sind und Konzerte des mittlerweile weit über siebzigjährigen Musikers generationenübergreifenden Massenpartys gleichen.

Und obwohl man Teil eines solchen Massenpublikums ist, kann man sich persönlich angesprochen und als Teil einer »lifetime conversation« fühlen. Das ist auf den ersten Blick erstaunlich, anhand einiger Besonderheiten von Springsteens Arbeit aber durchaus erklärbar: Seine Liedtexte handeln von persönlichen Erfahrungen, Hoffnungen und Verletzungen und vermitteln diese in Bildern und Szenen, die zwar individuell und persönlich, zugleich aber offen und verallgemeinerbar sind. Hinzu kommt, dass sie in der Abfolge von Springsteens Alben sämtliche Lebensphasen von der Adoleszenz bis zum Alter abdecken und damit gewissermaßen ein lebenslanges Identifikationsangebot machen. Springsteens Musik ist damit ein Gegenentwurf zum Programm des »I hope I die before I get old«, wie es The Who 1965 verkündet hatten: Während die beiden ersten Alben Autoritätskonflikte, Teenagerromanzen und Strandpartys besingen, entwirft *Born to Run* romantische Bilder vom Ausbrechen aus den Fesseln der Gesellschaft, zeichnet *Darkness on the Edge of Town* deren düstere Kehrseite im Zuge des Erwachsenwerdens und kreist *The River* von 1980 um die Konsequenzen, die das Eingehen von Beziehungen und Verpflichtungen im dritten Lebensjahrzehnt mit sich bringt.

Die ursprünglich lediglich als Demokassette solo und akustisch aufgenommenen Lieder auf *Nebraska* entstehen dann 1982 im Zusammenhang mit Springsteens erster schwerer Depression, die er erst 2016 in seiner ebenfalls mit *Born to Run* betitelten Autobiographie öffentlich machte. Einige dieser kargen Aufnahmen werden dann 1984 in einem poppigen Synthesizerarrangement Teil des Megahits *Born in the U.S.A.* Dessen Nachfolger *Tunnel of Love* wählt 1987 im Vorfeld des Scheiterns von Springsteens erster Ehe, aber auch angesichts der bevorstehenden Auflösung der E Street Band, wieder eine bedächtigere Tonlage, während die 1992 veröffentlichten Alben *Human Touch* und *Lucky Town* die Überwindung derartiger Midlife-Krisen in Gestalt der Gründung einer Familie bzw. neuen Band reflektieren.

Ab Mitte der 1990er Jahre macht Springsteen dann aus der Wiedervereinigung der E Street Band das emotionale Statement der Gemeinschaft und positioniert sich mit *The Ghost of Tom Joad* (1995), *The Rising* (2002) und *Magic* (2007) zugleich als politischer Songwriter, der in der Tradition von Robert Johnson, Woody Guthrie, Hank Williams oder dem frühen Bob Dylan ein Bild der amerikanischen Gesellschaft entwirft (vgl. Marcus 1975, Klein 1980, Masciotra 2010, Wilentz 2010): Mit seinem Engagement für Vietnamkriegsveteranen und Food Banks in den 1980er Jahren, der Auseinandersetzung mit den Folgen des 11. September 2001 sowie Anklagen gegen rassistische Gewalt erwirbt sich Springsteen den Status eines »social« und »public artist«, dessen Stimme Gewicht hat (Cohen/Swayers 2019, 55 und 129).

Gleichzeitig beginnt er angesichts des Todes der Bandmitglieder Danny Federici und Clarence Clemons in den Jahren 2008 bzw. 2011 auf seinen Alben *Working on a Dream* (2009) und *Wrecking Ball* (2012) Vergänglichkeit und Tod zu adressieren – Themen einer späten Lebensphase, die das Album *Letter to You* von 2020 sowie die Tour 2023 dann vollends prägen. Springsteens zu Beginn noch so jugendliche und zukunftsoffene Musik wird auf diese Weise auch zum Soundtrack des Älterwerdens und Sterbens (vgl. Cohen/Sawyers 2019, 189-205) – und dass er sein letztes Album mit der E Street Band einen »Brief« nennt, unterstreicht, dass es, und mit ihm womöglich auch schon jedes frühere Album, als Kommunikationsangebot und Botschaft an seine Fans zu verstehen ist (vgl. Zoladz 2020).

Das identifikatorische Potential dieser unterschiedlichen Schwerpunkte von Springsteens Musik verdankt sich also dem Umstand, dass sein Publikum mit ihr aufwachsen und altern konnte – und dabei den eigenen Blick auf Fragen der Zeitgeschichte in dieser Musik gespiegelt fand. Wesentliche Voraussetzung für einen so langen gemeinsamen Weg ist aber auch die Mischung, die Springsteen in dem oben zitierten Gespräch mit Jon Stewart erwähnt: sowohl wiedererkennbar zu bleiben (»keep track«) als auch Neues zu erproben (»musical freedom«). An Letzteres zu erinnern, ist auch deshalb wichtig, weil in Deutschland oft das einseitige Springsteen-Bild eines muskelbepackten Stadion-Rockers vorherrscht. Tatsächlich hat Springsteen aber bis in sein achtes Lebensjahrzehnt hinein Musik veröffentlicht, die verschiedene Einflüsse von Jazz über Folk und Country bis zu Soul und Hip Hop aufgreift. Und er ist nicht nur ein charismatischer Bandleader, sondern hat auf den Tourneen zu seinen Alben *The Ghost of Tom Joad* (1995-1997) und *Devils and Dust* (2005) sowie in der Show *Springsteen on Broadway* (2017/18 und 2021) auch als Solokünstler beeindruckt.

Neben der stilistischen Wandelbarkeit seiner Musik und deren Themen, die existentielle Fragen aller Lebensphasen berühren, ist es diese besondere Bühnenpräsenz, die dafür verantwortlich ist, dass Fans Springsteens Wort von der »lifetime conversation« aufgegriffen haben: Die physische Intensität und Länge seiner Konzerte sind legendär, und noch auf der Tour 2023/24 beschreiben Erstbesucherinnen und -besucher die Shows in den sozialen Medien als »life-changing experience«. Das reicht mitunter bis hin zum Eindruck eines quasi-religiösen Rituals, bei dem der Popstar zur Projektionsfläche von Heilserwartungen seines Publikums wird (vgl. Cavicchi 1998, Symynkywicz 2008) – und diese Erwartungen durch entsprechende Gesten und Ansprachen, wie zu sehen sein wird, durchaus auch befördert. Es gibt daneben aber auch ganz handfeste Gründe für einen derartig tiefschürfenden Eindruck von Live-Konzerten: Springsteens Körpersprache auf der Bühne vermittelt eine unmittelbare Betroffenheit von derjenigen Musik, die sein Publikum zur selben Zeit hört und am eigenen Leibe erfährt – und aus dieser Gemeinsamkeit und Gleichzeitigkeit kann das Gefühl erwachsen, von dem Dargebotenen gemeint, verstanden oder energetisiert zu werden.

Dieser intensive Austausch ist Programm. In seiner Autobiographie schreibt Springsteen: »I would address you, excite you and play guitar like a demon, demanding that you respond« (Springsteen 2016, 107). Das heißt aber auch, dass Popmusik erst dann kommunikativ wirkt, wenn sie sich an ein Publikum richtet, dessen Reaktion auch wieder auf den Künstler zurückwirkt. Schon 1981 begründete Springsteen in einem Gespräch mit Dave Marsh, dem Autor der ersten und emphatischen Springsteen-Biographie *Born to Run* aus demselben Jahr, die frappierende Vertrautheit zwischen ihm und seinen Fans auf ebendiese Weise:

> People go to that show, they know me. They know a lotta me, as much as I know that part of myself. That's why when I meet'em on the street, they know you already. And you can know them, too. Because of their response. (Phillips/Masur 2013, 127)

In den Gesellschaftswissenschaften wird das Gefühl, mit einer öffentlichen Person in Verbindung zu stehen, obwohl man sie faktisch nicht kennt, als parasoziale Beziehung bezeichnet (Horton/Wolf 1956), die allerdings immer auf Einseitigkeit beruht. Folgt man dagegen Springsteens Beschreibung, dann handelt es sich durchaus um ein wechselseitiges Gefühl, also auch dasjenige einer Vertrautheit des Künstlers mit seinem Publikum. So bekannte er in einem Interview mit James Henke von 1992:

> I didn't want to be one of those guys who can write music and tell stories and have an effect on people's lives, and maybe on society in some fashion, but not be able to get into his own self. But that was pretty much my story. I tend to be an isolationist by nature. [...] Then music came along, and I latched onto it as a way to combat that part of myself. It was a way that I could talk to people. It provided me with a means of communication, a means of placing me into a social context [...]. (Phillips/Masur 2013, 157f.)

Und gegenüber David Remnick, der ihn 2012 auf der *Wrecking Ball*-Tour begleitete, sagte er über die geteilte Konzerterfahrung von Künstler und Publikum: »You empower them a little bit, they empower you. [...] That's what we do for one another. (Remnick 2012, 57)

Dass solche Aussagen immer auch Teil der öffentlichen Rolle sind, die Springsteen für sich geschaffen hat, versteht sich. Nimmt man das dieser Rolle zugrunde liegende Programm aber als Programm ernst, dann besteht die »lifetime conversation« in einem wechselseitigen Austausch, nicht in einer einseitigen Projektion. Es handelt sich dabei weniger um tatsächliche Gespräche oder Botschaften, sondern darum, dass eine – sprachliche, körperliche oder musikalische – Artikulation als ein kommunikatives Angebot wahr- und ernst genommen wird. Und wenn diese Wahrnehmung beiderseitig ist, wenn sich also nicht nur das Publikum angesprochen fühlt, sondern der Künstler seinerseits das Gefühl hat, von den Reaktionen seines Publikums angesprochen zu werden, dann findet tatsächlich Kommunikation statt.

Wie aber kann man diese beschreiben, ohne auf religiöse oder sozialwissenschaftliche Modelle zurückgreifen zu müssen? Eine Orientierung bietet Diedrich Diederichsens Buch

Über Pop-Musik, das davon ausgeht, dass Fans nicht allein von der künstlerischen Qualität von Plattenaufnahmen und Konzertauftritten fasziniert sind, sondern von der Person, die sie darin zu erkennen glauben. Die Popularität von Musik entsteht demnach nicht nur wegen ihrer raffinierten Produktion, sondern durch die Praktiken ihrer Rezeption – z. B. das wiederholte Anhören ein und desselben Lieds, durch das es sowohl zum Alltag als auch zur Erinnerung an besondere Momente wird, das Sammeln von Alben, Bildern, Zeitschriftenartikeln oder Konzerttickets, die Bereitschaft, stundenlang vor Konzertarenen für Plätze in Bühnennähe anzustehen, oder die Projektion von Wunschvorstellungen auf die Person des Stars. Solche Praktiken vermitteln den Unterschied von Fremdheit und Vertrautheit und sorgen für das Gemeinschaftsgefühl von Fans untereinander – mit dem Ergebnis, dass das Bild des Stars Teil des Alltags und der Realität der Fans wird und die Identifikation mit dem Star in einem existentiellen Sinn ernst zu nehmen ist, weil aus ihr Selbstbild, Lebensentwürfe und finanzielle oder andere weitreichende Entscheidungen abgeleitet werden (vgl. Diederichsen 2014, xxxiv).

So wie auf Seiten des Fans auf diese Weise eine fremde Person zu einer vertrauten wird, liefert umgekehrt der Star mit seinen Veröffentlichungen, Auftritten und Äußerungen das Material für diese Transformation. Zwar ist dieses Material zwangsläufig Bestandteil einer öffentlichen Inszenierung. Da der Star aber um die Erwartungshaltung seines Publikums weiß, kann er den Ausdruck seiner eigenen Persönlichkeit zum Gegenstand dieser Inszenierung wählen. Die Produktion von Popmusik beruht also auf einer Paradoxie: Aussagen und Auftreten eines Popstars sind unweigerlich kalkuliert und inszeniert, aber Ziel dieser Inszenierung ist die Vermittlung des Eindrucks, es werde etwas Persönliches zum Ausdruck gebracht. Damit ist popmusikalische Kommunikation vergleichbar mit der Kommunikation von Liebe, wie sie der Soziologe Niklas Luhmann 1982 beschrieben hat: Intime Vertrautheit kann zwar nur in bereits vorhandenen sprachlichen Mustern zum Ausdruck gebracht werden, die Liebenden müssen diesen Ausdruck aber dennoch als aufrichtige Artikulation einer individuellen Gefühlsregung (und nicht als stereotype Wiederholung) wahrnehmen.

Diederichsens Vorschlag besteht nun darin, auch für das Verhältnis von Star und Fan eine solche Doppelperspektive zu wählen: Popmusik ist sowohl performativ und inszeniert als auch expressiv und persönlich. Betrachtet man beides zugleich, so wird man weder dem naiven Glauben an einen »Authentizismus« des auf der Bühne Verkörperten verfallen noch die Expressivität dieser Darbietung als bloße Konstruktion und Täuschung abtun: »Es ist konstitutiv für alle Pop-Musik, dass in keinem performativen Moment klar sein darf, ob eine Rolle oder eine reale Person spricht«, schreibt Diederichsen (2014, xxxiv), und weiter:

> Ich bringe mich als Pop-Musiker mitsamt meiner Geschichte und meinem Image erst in meinen Auftritten hervor [...], gleichzeitig bringe ich damit aber durchaus ein Geheimnis zum Ausdruck, das ich daheim in meiner Intimität und sozusagen nicht-performativ kultiviert und gezüchtet habe und das gegenüber den Variablen der Performance von Konstanz und größtem schicksalhaftem Ernst ist. (Ebd., 135)

Diese Doppelperspektive ist für das Verständnis des Phänomens Springsteen sehr hilfreich: Für die Schauseite, die Produktion eines »Image«, ist Springsteens öffentlichkeitswirksames Bild mit Muskelshirt und Bandana aus der Zeit um *Born in the U.S.A.* ein passendes Beispiel; für deren Kehrseite, den intimen Ausdruck »daheim«, hingegen die erwähnte Entstehung der Demobänder für das Soloalbum *Nebraska* in Springsteens Schlafzimmer zwei Jahre zuvor.

Auf diese Weise kann man auf der einen Seite feststellen, dass Bruce Springsteen für sich zwangsläufig dasjenige erschaffen musste, was man eine *persona* nennt – eine öffentliche Rolle also, die er durch seine Musik, seine Interviews und seine Konzerte regelmäßig aufführt und die dadurch in sich stimmig und wiedererkennbar ist. Diese *persona* ist nicht mit seiner tatsächlichen Person zu verwechseln, sondern lediglich »Bruce Springsteen« in Anführungszeichen. Und doch kann man auf der anderen Seite Anteile dieser öffentlichen *persona* auf Emotionen, Wahrnehmungen und Ansichten der Person Bruce Springsteen ohne Anführungszeichen beziehen und die Vermittlung solcher Anteile als Grundlage und Bestandteil seiner performativen Rolleninszenierung betrachten und ernst nehmen.

Und tatsächlich kommt man dem Phänomen ›Bruce Springsteen‹ (in einfachen Anführungszeichen) am ehesten nahe, wenn man beide Aspekte gleichzeitig im Blick behält: Denn auf der einen Seite beruht das Gefühl eines kommunikativen Austauschs zwischen Springsteen und seinem Publikum auf dem Eindruck der Nahbarkeit, Greifbarkeit, Wärme und ›Normalität‹ seiner Person, die ihre Herkunft aus einfachen Verhältnissen nicht vergessen hat und an einem beliebigen Abend unverhofft mit Baseballkappe auf die Bühne einer Bar springen und mit der Lokalband zu jammen beginnen kann: »I heard Bruce might show up tonight«, flüstern sich Gäste des erwähnten Stone Pony –

einem der Clubs in Asbury Park, in denen Springsteen musikalisch großgeworden ist – bis heute verschwörerisch zu. Und es gibt zahlreiche Anekdoten und Legenden, die die Möglichkeit einer solchen unverhofften Begegnung realistisch erscheinen lassen. So ist auf YouTube zu sehen, wie Springsteen 1988 in Kopenhagen einen Straßenmusiker um dessen Gitarre bittet, um einige seiner Lieder vorzutragen, und Springsteen selbst gibt gern zum Besten, wie er 1980 bei einem Tourstop in Denver in einem Kino von einem Fan erkannt wurde, der ihn fragte, ob er sich neben ihn setzen wolle, und ihn nach der Vorstellung zu sich nach Hause einlud, um ihn seiner Mutter vorzustellen (Phillips/Masur 2013, 126). Bei dem Kinofilm handelte es sich ironischerweise um Woody Allens *Stardust Memories* von 1980, in dem ein Star-Regisseur die Begegnung mit seinen Fans als so bedrängend empfindet, dass er einen Nervenzusammenbruch erleidet.

Von derartigen Berührungsängsten scheint Springsteen zumindest zu Beginn seiner Karriere gänzlich frei zu sein. Der erheblichen Berührungsfläche, die er als Person bietet und zu der auch Sprünge ins Publikum auf frühen und Crowdsurfen auf den späteren Tourneen gehören, steht allerdings entgegen, dass auch ein solches ›natürliches‹ Auftreten auf einer Inszenierung, Konstruktion oder Projektion beruhen kann (wofür z. B. spricht, dass die Kino-Geschichte in späteren Versionen nicht mehr in Denver, sondern in St. Louis verortet wurde). Das Wissen um diesen Aspekt brachte Springsteen bei einem Solokonzert zur Unterstützung des Christic Institute 1990 in Los Angeles auf den Punkt, als er auf den Zuruf eines Fans »We love you, Bruce!« entgegnete: »But you don't really *know* me.« (Rolling Stone 1996, 304)

Die Christic-Shows standen am Anfang von Springsteens Versuch, sich von dem Image des Megastars zu lösen, das er in den 1980er Jahren geformt hatte. Zwar stammt sein Spitzname »The Boss« aus der Frühphase der E Street Band, als Springsteen die Gagen der Band verwaltete und verteilte. Indem er sich für die *Born in the U.S.A.*-Tour durch Bodybuilding in Form gebracht hatte, schien Springsteen sich aber auch durch ein dominant maskulines Auftreten mit diesem Spitznamen identifizieren zu wollen. Seine Replik fünf Jahre nach dem Ende dieser Tour hingegen zielt auf den Unterschied zwischen dieser *persona* und der Person, die tatsächlich auf der Bühne steht. Natürlich ist auch Springsteens schlagfertige Antwort wiederum eine auf einer Bühne getätigte Aussage und der Verweis auf seine tatsächliche Person unweigerlich eine neuerliche Inszenierung. Dass Springsteen diese Zusammenhänge beim Namen nennt, spricht aber dennoch dafür, dass er zumindest daran interessiert war, den Unterschied zu markieren und einen direkteren Austausch mit seinem Publikum zu erproben. Denn sein vormalig betont maskulines Auftreten hatte zu Missverständnissen geführt – so z. B. dazu, dass ein Song wie »Born in the U. S. A.«, der ein Aufschrei gegen den Umgang der amerikanischen Gesellschaft mit den Veteranen des Vietnamkriegs ist, als patriotische Hymne gehört wurde (vgl. Hyden 2024, 145 f.). Springsteen distanzierte sich deshalb in den 1990er Jahren auch insgesamt von dem Bild, das er in den 1980ern von sich selbst in Umlauf gebracht hatte:

> You end up creating that sort of icon, and eventually it oppresses you [...]. [T]he macho thing, that was just never me. It might be a little more of me than I think, but when I was a kid, I was a real gentle child, and I was more in touch with those sorts of things. (Phillips/Masur 2013, 155 f.)

Und in seiner Autobiographie kann man über den damaligen Look sogar lesen: »I probably would have fit right in down on Christopher Street in any one of the leather bars« (Springsteen 2016, 326) – eine Lesart, die der Interpretation der Kulturwissenschaftlerin Natalie Adler entspricht, derzufolge die Zuspitzung stereotyper Männlichkeitsbilder die Konstruiertheit und also auch Revidierbarkeit solcher Geschlechterrollen nur besonders deutlich herausstelle (Adler 2018).

Ein solcher Rollenwechsel ist aber nicht das Ende des Rollenspiels. Sowohl zu Beginn seiner Autobiographie als auch eingangs der Broadway-Show von 2017/18, die auf dieser Autobiographie basiert, hat sich Springsteen ausdrücklich dazu bekannt, dass sein Erfolg nicht auf einem tatsächlich unmittelbaren Ausdruck beruhe, sondern auf demjenigen »magic trick«, mittels dessen er den Eindruck dieser Unmittelbarkeit erzeuge. Er sei daher auch weniger ein Künstler als ein Schausteller – einer derjenigen »artists, with a small ›a‹« aus den Jahrmarktsattraktionen entlang des Boardwalk von Asbury Park »where almost everything is tinged with a bit of fraud« (Springsteen 2016, xi). Vor dem Hintergrund dieses Eingeständnisses handelt womöglich auch ein Song wie »Brilliant Disguise« von 1987 nicht nur vom Maskenspiel eines Liebespaars, sondern auch von demjenigen des Künstlers gegenüber seinem Publikum:

> Now look at me, baby
> Struggling to do everything right
> And then it all falls apart
> When out go the lights
> I'm just a lonely pilgrim
> I walk this world in wealth

I want to know if it's you I don't trust
'Cause I damn sure don't trust myself [...]

So when you look at me
You better look hard and look twice
Is that me baby
Or just a brilliant disguise

Der zitierte Ausschnitt aus dem Liedtext legt aber auch nahe, dass es sich um ein überaus ernstes Spiel handelt, und dieser ernste Kern besteht in dem Versuch, sich der faktisch unmöglichen Erfüllung des Bedürfnisses nach einer Verbindung von Fan und Musiker auf der Ebene dieses Maskenspiels so weit wie möglich anzunähern (vgl. Bird 1994, Elliott 2019). Dass dieser Versuch immer wieder vom Scheitern bedroht ist, weil *persona* und Person zwangsläufig auseinanderklaffen, hat Springsteen 2005 in einer Folge der Sendung *VH1 Storytellers,* in der er die Entstehenshintergründe seiner Songs offenlegen sollte, mit einer weiteren Anekdote illustriert. Zu dem eben zitierten Song »Brilliant Disguise« erzählt er in dieser Sendung, wie das moralisch integre Bild, das sich die Öffentlichkeit aufgrund der Botschaften in seinen Liedern und Bühnenansprachen von seiner Person entworfen habe, einmal in Konflikt mit seiner angeblichen Neigung geraten sei, Strip Clubs zu besuchen:

> A woman and a man spied me and said, »Bruce, you aren't supposed to be here.« I could see where they were going with this so I said, I'm not. I am simply an errant figment of one of Bruce's many selves. I drift in the ether over the highways and byways of the Garden State, often touching down in image-incongruous but fun places. Bruce does not

> even know I am missing. He is at home right now doing good deeds. (Phillips/Masur 2013, 303)

Was hier noch ein humoristischer Hinweis auf das Auseinanderfallen zwischen öffentlicher *persona* und tatsächlicher Person war, ist allerdings in den letzten Jahren zu einer schmerzhaft erfahrenen Diskrepanz zwischen Ideal und Wirklichkeit geworden: 2021 hatte Springsteen für die Werbepause der Übertragung des Super Bowl der NFL zum ersten Mal in seiner Karriere überhaupt einen Werbespot aufgenommen – 1985 hatte er ein zwölf Millionen Dollar schweres Angebot der Firma Chrysler für seinen (einmal mehr missverstandenen) Song »Born in the U.S.A.« noch ausgeschlagen. Nun warb er aber unter dem Titel »The Middle« für den Autohersteller Jeep – mit dem Bild einer Kirche im Bundestaat Kansas, die die geographische Mitte der Vereinigten Staaten markieren und damit auch für eine Überwindung der ideologischen Gräben und der Versöhnung der politischen Parteien stehen sollte: »We just have to remember the very soil we stand on is common ground«, hieß es da, was Springsteen vehementen Widerspruch einbrachte: Er sei dem Ruf des Geldes gefolgt, habe mit dem Verweis auf den gemeinsamen »soil« die Kolonialgeschichte Nordamerikas ignoriert sowie mit dem Aufruf zur Versöhnung die unverzeihlichen Verbrechen der Trump-Ära relativiert (vgl. Hyden 2024, 221f.)

So kurz der Clip mit seinen zwei Minuten auch war, so sehr zog er Springsteens über zwei, wenn nicht vier Jahrzehnte erworbene Autorität als Stimme für ein gerechteres Amerika in Zweifel. Als er zudem Ende des Jahres seine Songrechte für 550 Millionen Dollar an Sony verkaufte, machte das Wort vom Ausverkauf die Runde. Vollends bestätigt schien es zu werden, als der Vorverkauf für die US-Tour 2023 im Sommer 2022 zum Fiasko geriet, weil der Online-Vermarkter Ticketmaster nur vorab durch ein Lotterieverfahren registrierte »verified fans« zuließ und einen Algorithmus einsetzte, der »dynamic pricing« erlaubte. In der Folge wurden die Ticketpreise in Echtzeit von Angebot und Nachfrage beeinflusst und stiegen aufgrund des immensen Ansturms innerhalb weniger Minuten in vierstellige Bereiche an.

Springsteens langjähriger Manager Jon Landau versuchte, all dies als Abwehr der üblichen Schwarzmarktmechanismen zu rechtfertigen, und auch die wenig empathische Reaktion des Künstlers selbst in einem Interview mit Jim Rotolo am 23. November 2022 auf E Street Radio (»But if there's any complaints on the *way out*, you can have your *money back*«, vgl. Greene 2022, Hyden 2024, 229) führte zu einem spürbaren Bruch. Sogar das seit 1980 zunächst als Fanzine und dann als Internetseite betriebene, eigentlich unersetzliche, Fanforum *Backstreets* verkündete am Tag nach Tourbeginn in einem offenen Brief demonstrativ, seine Dienste einzustellen (was allerdings bislang nur die Zeitschrift und nicht die Webseite betrifft). Manche fühlten sich an Springsteens seinerzeit unveröffentlichten Song »The Promise« von 1976 erinnert, in dem er auf erste desillusionierende Erfahrungen mit dem Musikbetrieb nach dem Durchbruch mit *Born to Run* und dem Wechsel zu einem neuen Manager reagiert hatte:

> When the promise is broken you go on living
> But it steals something from down in your soul
> Like when the truth is spoken and it don't make no
>   difference
> Somethin' in your heart goes cold

Als die Tour dann am 1. Februar 2023 dennoch vor ausverkauften Hallen begann, schien Springsteen erneut hinter seine selbst gesetzten Ansprüche zurückzufallen: Auf früheren Tourneen hatte er die Abfolge der Songs spontan von Konzert zu Konzert verändert und mehrfachen Besucherinnen und Besuchern Abend für Abend ein neues Erlebnis beschert. Nun aber präsentierte die Band stets eine nahezu identische Setlist, und die Shows schienen bis in die Bewegungsabläufe hinein geskriptet. Das minderte nicht die Intensität jedes einzelnen Auftritts, aber es veränderte die Wahrnehmung und den Charakter der Tour als ganzer.

Oder bestand etwa in diesem Offenlegen des unumgänglichen Show-Charakters von Konzerten durch einen Künstler, der in besonderem Maße für die angebliche Authentizität von Rockmusik (in ihrem vermeintlichen Gegensatz zur bloßen Oberflächeninszenierung von Pop) zu stehen schien, der eigentliche »Brief«, den Springsteen seinem Publikum mit *Letter to You* und der Tour 2023 zustellen wollte? Auch solchen Fragen möchte ich mich widmen und die karriereumspannende Unterhaltung Springsteens mit seinem Publikum nicht nur als Erfolgsgeschichte erzählen: Springsteens Karriereprogramm, sich seinem Publikum als greifbares Gegenüber zu präsentieren und Fragen des gesellschaftlichen Miteinanders und der Solidarität zum Gegenstand seiner Musik zu machen, haben eine beträchtliche Fallhöhe erzeugt. Und auch mir ist die zentrale Rolle der Kommunikation in Springsteens Karriere in dem Moment besonders deutlich geworden, in dem sich die angedeuteten Brüche und Risse gezeigt haben. Vor diesem Hintergrund bin ich der Tour der E Street Band 2023 nach der von der Coronapandemie erzwungenen Pause in mehrere Länder gefolgt, um genauer zu verstehen, wo Potential und Grenze dieses kommunikativen Verständnisses von Popmusik zu sehen sind und wie sich dabei die von Diederichsen als paradoxe Gleichzeitigkeit beschriebenen Elemente von Expressivität und Performativität zueinander verhalten. Und insofern Springsteen sein letztes Album *Letter to You* als »direct conversation between me and my fans« (Zoladz 2020) bezeichnet hat, können die folgenden Kapitel auch als Versuch einer Antwort auf diesen Brief aus der Perspektive eines solchen Fans gelesen werden.

Diese sechs Kapitel orientieren sich an den unterschiedlichen Ebenen, auf denen sich Aspekte von Springsteens Karriere als Kommunikation beschreiben lassen: Um zu Beginn einen Überblick über diese Karriere und ihre stilistischen Varianten und Wendepunkte zu geben, werde ich zunächst die verschiedenen Traditionslinien und Genres vorstellen, aus denen Springsteens Musik schöpft – die Kombination von Bob Dylans Schreibstil und Van Morrisons Songstrukturen, die Integration von Bläserarrangements des Soul und Produktionsprinzipen einer »Wall of Sound«, eine an Hank Williams und Woody Guthrie geschulte Erzählstimme sowie die Adaption von Elementen der irischen Folkmusik. All dies stellt weniger eine Kommunikation mit dem Publikum dar als mit denjenigen Musikerinnen und Musikern »who've come before«, wie Springsteen auf *Letter to You* im Song »Ghosts« singt: Popmusik schließt an die vielfältigen Traditionen amerikanischer Musik an und vermittelt sie dadurch nachfolgenden Generationen, Springsteens Publikum, weiter.

Von einem unmittelbareren Publikumsbezug handelt dann das dritte Kapitel, das den Blick von den Studioaufnahmen auf die Konzertauftritte der E Street Band lenkt. Insbesondere in der zweiten Hälfte der 1970er Jahre – und also noch vor dem Zeitalter von MTV oder gar YouTube –

beruhte Springsteens Ruf auf seinen Live-Auftritten: Der körperliche Einsatz, mit dem er seine Songs präsentierte, ging weit über einen bloßen musikalischen Vortrag hinaus, wirkte aber im Vergleich zu Frontmännern wie Roger Daltrey, Freddy Mercury oder David Lee Roth weniger posenhaft. Neben der beeindruckenden musikalischen Qualität seiner Band gelang es Springsteen so, den Ausdruck unbändiger Spielfreude mit einem emotionalen Spektrum aus Trauer, Wut, Entschlossenheit und Lebenslust zu verbinden, an das sein Publikum anschließen konnte. Die Breite dieses Spektrums wurde dabei durch die Vielseitigkeit von Springsteens Darbietungsweisen unterstützt, die von der intimen Atmosphäre und den leisen Tönen seiner Solokonzerte bis hin zur Adaption der exzessiven Rhetorik und Körpersprache eines Gospel-Predigers während einer E Street Band-Show reicht.

Das vierte Kapitel verbindet das Interesse an den musikalischen Strukturen von Springsteens Songs und dieser Intensität ihrer Präsentation: Das Titelstück seines Albums *The River* von 1980 bezeichnete Springsteen einmal als »breakthrough for my writing« (Springsteen 2016, 278), weil es in wenigen Strophen die Wendungen und Abgründe einer Lebensgeschichte erfasst. Von dort an – mit *Nebraska* als einem ersten und *The Ghost of Tom Joad* als einem weiteren Höhepunkt – richtet Springsteen viele seiner Songs auf das Erzählen von Geschichten aus und bezieht sich dabei auf unterschiedliche musikalische und literarische Vorbilder. Zudem konzipiert er die Abfolge der Songs auf den meisten seiner Alben so, dass sich ein narrativer Zusammenhang zwischen ihnen ergibt, und er flicht in seine Live-Shows immer wieder minutenlange Ansprachen ein – Geschichten über das Kennenlernen der Bandmitglieder, aber auch über die Konflikte mit seinem Vater oder Begegnungen mit

Vietnamkriegsveteranen. In diesen Erzählungen wird das kommunikative Potential von Geschichten offenbar, das auch Springsteens Lieder prägt: Sie geben nicht nur persönliche Seiten des Künstlers zu erkennen, sondern sind exemplarisch in dem Sinne, in dem Zuhörerinnen und Zuhörer sie auf eigene Lebenserfahrungen beziehen können.

Insofern Springsteen als Geschichtenerzähler bemüht ist, persönliche Erfahrungen zu vermitteln, an die sein Publikum anschließen kann, hat diese Kommunikation auch eine kollektive Dimension. Gegenstand des fünften Kapitels sind Springsteens politische Stellungnahmen und sein zugehöriges Engagement – beginnend mit dem Konzert für die Vietnamveteranen am 20. August 1981 und kulminierend im dem 11. September 2001 gewidmeten Album *The Rising*, aber auch in zahlreichen Songs über rassistische Gewalt, soziale Ungleichheit oder den Irakkrieg. Solche Lieder wie auch Springsteens Auftritte im Wahlkampf demokratischer Präsidentschaftskandidatinnen und -kandidaten haben seinen Status als »public artist« im politischen Amerika des 21. Jahrhunderts etabliert.

Die Offenheit und Direktheit, mit der Springsteens Songs wie deren Präsentation persönliche Erinnerungen, Verletzungen, Hoffnungen und Wünsche vermitteln, wie auch die Rolle einer moralisch integeren öffentlichen Stimme, die er mehrere Jahrzehnte lang ausgefüllt hat, sind aber nicht nur von gesellschaftspolitischer Relevanz. Ein weiterer Aspekt, anhand dessen Springsteens Karriere als eine Form von Kommunikation beschrieben und verstanden werden kann, ist die identifikatorische Rezeption seiner Musik und Person durch seine zum Teil lebenslangen Fans. Springsteens Songs werden als Soundtrack eines Lebens mit Prägekraft für ganze Biographien empfunden. Zumal im Zeitalter digitaler Medien gibt es zahlreiche Zeugnisse, die von einer solchen lebensverändernden Wirkung der Begegnung mit Springsteens Musik, der Bedeutung einzelner Songs für zentrale Lebensphasen und der Strukturierung von Lebensabschnitten entlang der großen Tourneen berichten und die in zahlreichen ethnographischen Studien, Romanen, Dokumentarfilmen und Podcasts nachvollzogen werden können.

Das abschließende Kapitel ist selbst den letzten Dingen gewidmet: Springsteens Arbeit der vergangenen fünfzehn Jahre kreist um das Thema der Vergänglichkeit. Schon auf den Alben *Magic* und *Working on a Dream* finden sich Bonustracks, die an verstorbene Weggefährten erinnern, und die Tour zum Album *Wrecking Ball* stand ganz im Zeichen des Gedenkens an den Tod des E Street-Saxophonisten Clarence Clemons, aber auch an Opfer politischer und gesellschaftlicher Konflikte in den USA. Springsteens Konzerte wurden in der Folge zu veritablen Beschwörungen derjenigen »Ghosts«, die dann auch den Kern seiner Broadway-Show 2017/18 bzw. 2021 sowie des Albums *Letter to You* bildeten.

Das verdeutlicht noch einmal, dass mit der »lifetime conversation with my audience« tatsächlich die gesamte Lebenszeit gemeint ist – und sogar noch ein Schritt über diese hinaus. Denn bei aller Vitalität, die er nach wie vor an den Tag zu legen vermag, und trotz der Abend für Abend in »No Surrender« besungenen Bereitschaft »to grow young again«, neigt sich auch Springsteens Karriere unweigerlich einem Ende zu. Was aber wird aus einer dem Versprechen von Jugendlichkeit verpflichteten Kunstform, als deren Zukunft Springsteen einmal galt, wenn ihr Kommunikationsangebot sich immer weiter in die Vergangenheit richtet, bevor es selbst in diese eingehen wird? Auch davon handeln Bruce Springsteens Musik und dieses Buch.

Es versteht sich weder als biographischer Abriss – zu Springsteens Leben und Karriere liegen von Dave Marsh, Peter Ames Carlin und Springsteen selbst umfassende Darstellungen vor – noch als akademische Analyse (für die es in Gestalt des *BOSS: Biannual Online Journal of Springsteen Studies*, dem *Bruce Springsteen Archives and Center for American Music* an der Monmouth University in West Long Branch, New Jersey sowie einer Reihe Monographien und Aufsatzsammlungen, die im Literaturverzeichnis aufgeführt sind, belastbare Grundlagen gibt). Es ist der Versuch, das Phänomen der Interaktion zwischen Künstler und Publikum anhand der Angebote des einen und der Reaktionsformen des anderen als eine tatsächliche und in Teilen auch selbst erlebte Erfahrung zu beschreiben und nachvollziehbar zu machen.

Wo ich mich hierzu auf Forschungsliteratur oder andere Darstellungen beziehe bzw. aus Biographien oder Interviews zitiere, finden sich die Nachweise in Kurzform in Klammern und die vollständigen Quellenangaben im Literaturverzeichnis im Anhang. Springsteens Songtexte zitiere ich aus den Textbeilagen seiner Alben, die vollständig in der Diskographie im Anhang aufgeführt sind. Alle diese Texte sind aber auch unter www.brucespringsteen.net/songs einsehbar. Hier, wie auch auf www.springsteenlyrics.com, finden sich außerdem die meisten der zitierten Bühnenansprachen. Alle übrigen habe ich der vollständigen Dokumentation sämtlicher Auftritte von Bruce Springsteen auf brucebase.wikidot.com entnommen oder selbst aus den Live-Aufnahmen transkribiert. Weitere Hinweise und Hintergründe zu den Songs kann man Springsteens eigenen Erläuterungen (Springsteen 1998) sowie den Kommentarbänden von Hiatt (2019) und Margotin/Guesdon (2020) entnehmen.

Wo ich mich auf Live-Auftritte beziehe, gebe ich jeweils

Songtitel, Konzertort und Datum an – die entsprechenden Aufnahmen sind dann entweder in den seit 2014 im Rahmen der *Archives*-Serie offiziell veröffentlichten Konzertmitschnitten enthalten oder auf YouTube abrufbar. Diese Archiv-Veröffentlichungen bzw. die Titel der YouTube-Videos finden sich im Anhang ebenfalls aufgelistet. Gleiches gilt für alle erwähnten bzw. zitierten sonstigen Videos, Filme und Podcasts.

Es gibt also zahlreiche Dokumente sowie derzeit auch noch regelmäßige Konzertauftritte, in denen man Springsteen, seiner Musik und seinen Fans begegnen kann. Dass diese Begegnungen immer auch einen imaginären Anteil haben, mindert weder den Enthusiasmus, mit dem sie erlebt werden können, noch die Energie, die sie für das Leben jenseits dieses Traums von einem unmittelbaren Austausch zwischen Künstler und Publikum zu vermitteln vermögen. Oder wie Springsteen selbst in einem Outtake von 1982, »This Hard Land«, singt:

> Well if you can't make it, stay hard, stay hungry, stay
> alive if you can
> And meet me in a dream of this hard land

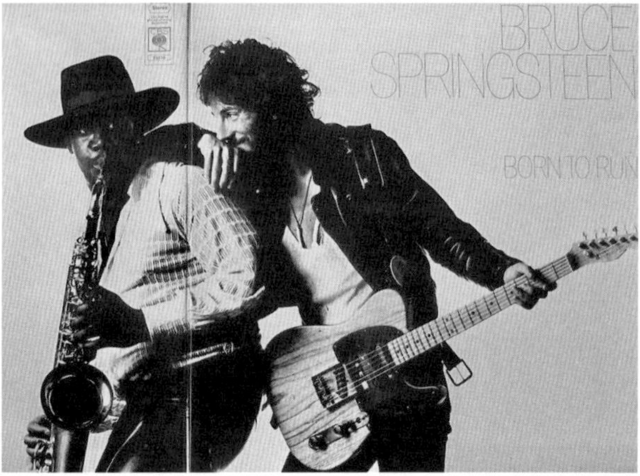
BRUCE
SPRINGSTEEN
BORN TO RUN

2 »Those who've come before«

Traditionen verknüpfen

Tampa, Florida, 1. Februar 2023. Nach einer sechsjährigen Konzertpause betreten Bruce Springsteen und die E Street Band die Bühne der Amalie Arena. Es ist der Auftakt zu einer lang erwarteten Tour der mittlerweile meist gut siebzigjährigen Musikerinnen und Musiker. Und es ist ungewiss, in welche Richtung die Reise gehen wird – Springsteen hatte während der Coronapause nicht weniger als drei Alben veröffentlicht, deren Material noch nie live gespielt worden und das obendrein hochgradig unterschiedlich war: das an die Ästhetik der Filmmusik der 1960er Jahre angelehnte Countryalbum *Western Stars* (2019), die Hommage an den klassischen E Street-Sound *Letter to You* (2020) sowie die Sammlung von Soulcovers *Only the Strong Survive* (2022), die allerdings auf wenig Gegenliebe gestoßen war. Springsteen hatte die Versionen von fünfzehn mehr oder weniger bekannten Soulnummern aus den 1960er Jahren – darunter Frank Wilsons »Do I Love You«, »I Wish it Would Rain« von den Temptations oder, als Ausflug in die 1980er, der Commodores-Hit »Nightshift« – zu Instrumentaltracks seines Produzenten Ron Aniello eingesungen, die originalgetreu den historischen Vorlagen folgten. Dadurch klingt das Album steril und irrelevant, wie die Kritikerin Caryn Rose in ihrer Online-Rezension auf *Substack* vom 10. November 2022 enttäuscht feststellte: Die Aufnahmen bewahrten weder das gesellschaftlich widerständige oder emanzipatorische Potential der Originale noch böten sie eine Aktualisierung mit Blick auf gegenwärtige politische Fragen.

Das scheint vergessen, als das Konzert in Tampa mit

einer Abfolge von E Street-Klassikern wie »No Surrender«, »Prove it all Night« und »Out in the Street« beginnt, zwischen denen die neuen Songs »Ghost« und »Letter to You« vom gleichnamigen Album platziert sind. Aber nach einer Dreiviertelstunde leitet ein weicher Congabeat das Commodores-Cover ein, das Springsteen mit hörbarem Respekt vor den 1984 verstorbenen Soulgrößen Marvin Gay und Jackie Wilson, deren Andenken »Nightshift« im Jahr darauf gewidmet war, vorträgt. Und er beendet das Stück zunächst als Duett mit Curtis King und dann unterstützt von den Backgroundsängerinnen Ada Dyer, Lisa Lowell und Michelle Moore – eine Darbietungsform, mit der Springsteen deutlich zum Ausdruck bringt, wie sehr seine Musik auf andere, Abwesende wie Anwesende, angewiesen ist. Im selben Stil folgt in Tampa auf »Nightshift« Ben E. Kings später durch Aretha Franklin berühmt gewordenes »Don't Play that Song«, das ebenfalls auf *Only the Strong Survive* zu finden ist, sowie, nachdem kurz zuvor bereits »Kitty's Back« mit einem breiten Bläserrrangement erklungen war, ein weiterer Song aus Springsteens eigener Soulphase in den frühen 1970er Jahren, »E Street Shuffle«.

Diese nach dem eher erwartbaren Beginn des Konzerts überraschende Konstellation aus alten eigenen und neuen gecoverten Songs macht auf einmal die Nähe zwischen beiden hörbar. Und wer genau aufgepasst hat, konnte das zugehörige Bekenntnis bereits im zweiten Song des Abends vernehmen, »Ghosts« von *Letter to You*, in dem Springsteen nicht nur die Geister verstorbener Weggefährten, sondern auch die seiner musikalischen Vorbilder beschwört:

> I shoulder your Les Paul and finger the fret board
> I make my vows to those who've come before

I turn up the volume, let the spirits be my guide
Meet you brother and sister on the other side

Eine solche Verbeugung vor Künstlerinnen und Künstlern der Vergangenheit ist ein erster Anhaltspunkt für die kommunikative Natur von Popmusik. Sie betrifft den Austausch zwischen neuen Songs und musikalischen Traditionen (vgl. Dinerstein 2007, Jones 2018): Wie alle Kunst entsteht auch Popmusik nicht allein aus individuellen und innovativen Eingebungen, sondern auch in Beziehung zu oder Abgrenzung von bereits existierenden Werken – und wird in diesem Sinne von den Geistern und Stimmen »of those who've come before« heimgesucht. Die Stimmen dieser Geister fließen – bewusst oder unbewusst – in neue Schöpfungen ein und werden von ihnen so transformiert, dass aus dem Alten etwas Neues entsteht.

Man kann diese Art der Weiterentwicklung von Musik mit der Funktion der biologischen Evolution vergleichen: Künstlerinnen und Künstler erproben auf der Basis der Genres, Sounds, Melodien und Texte, die sie kennen und lieben, Variationen. Und diejenigen Varianten, die beim Publikum auf Gegenliebe stoßen, etablieren neue Stilrichtungen, wie die Geburt des Rock'n'Roll aus Elementen von Gospel, Rhythm and Blues, Country und Western Swing in den 1950er Jahren anschaulich zeigt. Songs werden immer vor dem Hintergrund bereits existierender Songs geschrieben und auf diese Weise musikalische Elemente der Vergangenheit an ein gegenwärtiges und zukünftiges Publikum weitergegeben. Nichts unterstreicht dies deutlicher als die zentrale Rolle, die Coverversionen für den Durchbruch von Künstlern oder Bands wie Elvis Presley, die Beatles oder die Rolling Stones gespielt haben.

Und es gilt zumal für eine weitere und für Bruce Springsteen maßgebliche Gründungsfigur der Popmusik: Bob Dylan hatte zu Beginn seiner Karriere neben Neueinspielungen von *traditionals* immer auch mit Text- und Melodiezitaten experimentiert. Früh wurde ihm deswegen Ideendiebstahl vorgeworfen – und tatsächlich finden sich in Dylans Œuvre, wie der Harvarder Altphilologe Richard Thomas 2017 gezeigt hat, neben Melodien diverser Folksongs textuelle Übernahmen, die von der römischen Antike bis zum japanischen Kriminalroman reichen. Dylan benennt das in einem Interview mit Mikael Wood im *Rolling Stone* von 2012 auch selbst als notwendigen Bestandteil seiner Kunst:

> [I]n folk and jazz, quotation is a rich and enriching tradition. [...] It's an old thing – it's part of the tradition. [...] It's called songwriting. It has to do with melody and rhythm, and then after that, anything goes. (Wood 2012)

Und bereits 2001 hatte er mit dem Titel seines Albums »*Love and Theft*« die beiden Bestandteile dieser Bezugnahme von Popmusik auf die Vergangenheit beim Namen genannt: die Liebe zur und den Diebstahl aus der Tradition. Der Albumtitel »*Love and Theft*« ist aber zugleich, wie die Anführungszeichen auf dem Cover zeigen, selbst schon ein Zitat – und zwar einer Studie über die Darstellung rassistischer Stereotype im US-amerikanischen Theater Mitte des 19. Jahrhunderts, die Eric Lott 1993 unter dem Titel *Love and Theft. Blackface Minstrelsy and The American Working Class* veröffentlicht hat (vgl. Wilentz 2010, 261-286). Damit verweist Dylans Albumtitel nicht nur auf die zentrale Rolle von Zitaten in der Popkultur, sondern auch auf das Problem und die Kehrseite einer derartigen ›Kommunikation‹ mit den Stimmen der Vergangenheit: ihre kulturelle Aneignung, Bloßstellung und Enteignung.

Wenn Popmusik hier als eine Form von Kommunikation verstanden wird, die stattfindet, wenn Künstlerinnen oder Künstler in Austausch mit zurückliegenden Traditionen treten und diese Traditionen transformiert an ein gegenwärtiges Publikum weitergeben, dann geht es immer auch um diese Problematik. Springsteens *Only the Strong Survive* illustriert sie deutlich: Ein weißer Rockstar nimmt Coverversionen von Stücken auf, die in den 1960er Jahren zentrales Element der Selbstbestimmungsbewegung afroamerikanischer Kultur in den USA im Zusammenhang mit dem Erfolg der Labels Stax und Motown gewesen sind.

Springsteen selbst führte als Motivation für sein Coverprojekt ausschließlich persönliche Gründe an: Das Album setzt ein mit den Worten »I remember« vom Anfang des ursprünglich 1968 von Jerry Butler aufgenommenen Titelstücks, und genau um diese Erinnerung an die Musik, die ihn vor Beginn seiner Karriere beeinflusst habe, sei es ihm gegangen. In einem Interview für den NPR-Podcast *World Cafe* vom 9. Dezember 2022 nennt Springsteen die Stax- und Motown-Künstlerinnen und -Künstler seine »mentors« und »maestros« und sagt:

> In this case, I said, »I'm just going to make music that I love.« Of course, soul music is an inherent part of the American music scene. It's just forever. Its influence and its roots are steeped in American culture.

Diese Aussage mag dem Vorwurf der Verharmlosung weiter Vorschub leisten. Und sie ändert auch nichts an dem Eindruck, dass *Only the Strong Survive* ein Coveralbum mit wenig Substanz ist. Was sie aber zugleich verdeutlicht, ist, dass Aneignungen auch im Geiste einer Würdigung derjenigen musikalischen Tradition intendiert sein können, von denen die ›eigene‹ Musik eines Künstlers ihren Ausgang genommen hat und die in seinem Werk hörbar bleibt.

Dieses Wechselspiel aus Aneignung und Würdigung ist ein Schlüssel nicht nur zu Springsteens spätem Coveralbum, sondern auch zu Beginn und Verlauf seiner Karriere insgesamt. Springsteen selbst schreibt über seinen Durchbruch mit *Born to Run* 1975 in seiner gleichnamigen Autobiographie, das Album sei »simultaneously steeped in rock history and modern« gewesen (Springsteen 2016, 216): »[I]t held the essential ingredients of a hit record, familiarity and newness, inspiring in the listener surprise and recognition.« (Ebd., 208) Und tatsächlich verkündet schon das Auftaktstück, »Thunder Road«, nicht nur am Ende emphatisch, alles Bisherige hinter sich lassen zu wollen (»It's a town full of losers / And I'm pulling out of here to win«), sondern setzt mit einem Verweis auf Roy Orbisons »Only the Lonely« ein, an dessen opernhaften Gesangsstil sich Springsteen auch anlehnt. Und auch für die folgenden Songs lassen sich solche musikhistorischen Bezugsnahmen benennen: »Tenth Avenue Freeze Out« basiert auf einem Bläsersatz aus der Tradition des Soul, »Night«, »Backstreets« und »Born to Run« erschaffen eine »Wall of Sound« im Produktionsstil von Phil Spector und für »She's the One« greift Springsteen auf den Bo Diddley-Rhythmus zurück. Die Gangsterballade »Meeting Accross the River« wird von Randy Breckers jazziger Trompete begleitet, bevor »Jungleland« das Album mit den weiten Spannungsbögen eines Van Morrison-Songs beschließt. In seiner Springsteen-Biographie, die nach dem Album benannt ist, fasst Dave Marsh diese Vielfalt so zusammen:

> *Born to Run* was an instant classic. Anyone who loves rock and roll must respond to its catalogue of styles, the rough

> and tough music, the lyrics that sum up the brightest hopes – and some of the darkest aspects – of the rock and roll dream. (Marsh 1981, 127)

Die zentrale Rolle, die der Austausch mit musikalischen Traditionen für das Album spielt, legt bereits sein Cover nahe: Aus einer Photosession mit Eric Meola wurde diejenige Aufnahme ausgewählt, auf der sich der spillrige Springsteen in schwarzer Lederjacke auf die mächtige Schulter seines in ein weißes Hemd gehüllten Saxophonisten Clarence Clemons lehnt. Der auf der Vorderseite des Covers zu sehende aufstrebende Künstler wird also in durchaus symbolischer Weise von dem »Big Man« genannten ehemaligen Footballspieler auf der Rückseite gestützt, und die Schwarz-Weiß-Aufmachung des Covers erzählt auf diese Weise – und unterstützt von dem Elvis-Button an Springsteens Jacke – von den Wurzeln des Rock'n'Roll wie auch von der Möglichkeit, sie mit neuen musikalischen Ideen zu verbinden.

In seiner Autobiographie erklärt Springsteen das auffaltbare Cover zum Symbol der Band:

> When the cover is closed, the album front is a very charming photo of a young, white, punk rock'n'roller. But when it opens, a band is born and a tale begins. (Springsteen 2016, 242)

In seinem Nachruf auf Clarence Clemons von 2011 gestand er aber ein, wie sehr dieses Cover zugleich die prekäre Gleichzeitigkeit von ›Anlehnung‹ und Aneignung in der Popmusik illustriert: »I leaned on Clarence a lot; I made a career out of it in some ways.« (Springsteen 2011)

Und dennoch erzählt die Schwarz-Weiß-Ästhetik des Covers auch davon, dass die E Street Band zum Zeitpunkt der Produktion von *Born to Run* noch paritätisch besetzt war – durchaus eine Seltenheit in den 1970er Jahren, in denen Radiostationen und Musikstile noch nach Hautfarben getrennt wurden. Und Springsteens Experiment, hieraus einen eigenen Stil und eine eigene Geschichte zu entwickeln, war erfolgreich. »*Born to Run* was the dividing line« (Springsteen 2016, 222): Das Album brachte ihm innerhalb einer Woche Titelgeschichten der beiden großen Nachrichtenmagazine *Time* und *Newsweek* ein und etablierte ihn als einen der prägenden Rockmusiker der folgenden Dekade, dessen Karriere mit *Born in the U.S.A.* 1984 ihren kommerziellen Höhepunkt erreichte und Springsteen zum internationalen Rockstar machte. Das bedeutet, dass das anlehnungsreiche Stilexperiment von *Born to Run* zum Mainstream wurde – eine Metapher, die nicht nur sprechend ist, weil sich jeder Strom aus ebenso vielen Bächen speist wie die Popmusik aus Traditionslinien, sondern auch, weil diese unterschiedlichen Traditionen dabei in eine Stromlinienförmigkeit überführt werden, in der sie ihre Eigenheiten verlieren, wenn sie nicht gar unsichtbar (bzw. unhörbar) werden.

Wie viele Fans bin ich Springsteens Musik das erste Mal auf diesem zweiten *Born*-Album begegnet. Das bombastische Arrangement des Titelsongs und der zeittypische Synthesizer-Sound von Tanznummern wie »Glory Days« oder »Dancing in the Dark« scheinen hier tatsächlich alle Nuancen anderer Einflüsse zu überlagern. Und obwohl *Born in the U.S.A.* damit zeigt, dass das erfolgreichste nicht zugleich das beste Album eines Künstlers sein muss, ging von den zwölf Songs eine Faszination aus, die daher rührte, dass ich beim wiederholten Hören den Eindruck gewann, hinter ihren Oberflächen sei doch mehr und anderes verborgen.

In der Folge habe ich mir – auch angeregt von der fünf LPs umfassenden Kompilation *Live 1975-85*, die 1986 erschien – Schritt für Schritt Springsteens frühere Alben erschlossen. Und mit einem Mal tat sich ein Spektrum von Genres, Stilen, Arrangements und Songstrukturen auf, das nicht nur die Vielseitigkeit von Springsteens Musik offenbarte, sondern zugleich ein Schlüssel war, der mir die unterschiedlichen Traditionslinien amerikanischer Musik eröffnete.

Und darin liegt wohl die Dialektik popmusikalischer Kommunikation mit der Vergangenheit, die sich von den Anfängen in der Mitte des 20. Jahrhunderts bis zur hybriden Setlist des Tourauftakts in Tampa 2023 als Zusammenspiel von »Love« und »Theft« beschreiben lässt: Sie zitiert, transformiert und vereinnahmt traditionelle Formen, erhält sie auf diese Weise aber auch im Gedächtnis sowie weiter zugänglich für künftige Hörerinnen und Hörer. Der für Springsteen zentrale Einfluss, der hörbar wird, wenn man sich von *Born in the U.S.A.* zu den Anfängen zurückarbeitet, ist dabei Teil der Legende vom Beginn seiner Karriere: Ihr zufolge las Springsteen gerade in einer Bob Dylan-Biographie, wie dieser 1961 vom Produzenten John Hammond entdeckt wurde, als ihn sein Manager Mike Appell im Mai 1972 überredete, unangemeldet in Hammonds Büro bei Columbia Records zu stürmen und ihm eine Auswahl selbstgeschriebener Songs vorzuspielen. Die aus diesem Überfall des auf Anhieb begeisterten John Hammond resultierenden Demoaufnahmen, von denen 1998 vier auf der Outtakes-Kompilation *Tracks* veröffentlicht wurden, sind deutlich von Wortakrobatik, Melodieführung und dem gutturalen Gesangstil des frühen Dylan beeinflusst – am deutlichsten zu hören im »Song for Orphans«, der erst fünfzig Jahre später in einem Bandarrangement auf *Letter to You* veröffentlicht wurde.

Entsprechend versuchte Columbia den Dreiundzwanzigjährigen mit seinen ersten beiden Alben als »New Dylan« zu vermarkten, obwohl der ›alte‹ zu diesem Zeitpunkt gerade einmal 32 Jahre alt war. Springsteen bediente das Etikett mit seinem bärtigen Wuschelhaarlook aber durchaus selbst. Zwei Stücke, die er Hammond im Dylan-Stil vorgespielt hatte, waren im Jahr darauf auch auf seinem ersten Album *Greetings from Asbury Park, New Jersey* zu hören und wurden schon 1974 von keinem geringeren als David Bowie gecovert – »Growin' Up« und »It's Hard to be a Saint in the City«. Das erstgenannte Stück ist eine Adoleszenzgeschichte, die nachmals typische Springsteen-Themen wie den Ausbruch aus den beengenden Strukturen einer amerikanischen Kleinstadt sowie das hierfür zentrale Symbol des Autos vorwegnimmt: »And I swear I found the key to the universe in the engine of an old parked car«.

Das zweite verlegt den Schauplatz aus der Enge New Jerseys in die Seitenstraßen und Subwaytunnel von New York City und zeichnet ein selbstbewusstes Bild des Newcomers:

> I had skin like leather and the diamond-hard look of a cobra
> I was born blue and weathered but I burst just like a supernova

Diese beiden wie die meisten Stücke auf *Greetings* sind allerdings – entgegen der Idee seiner Plattenfirma, Springsteen als Solokünstler herauszubringen – mit Bandbegleitung aufgenommen. In »Blinded by the Light« greift Springsteen sogar – gewissermaßen als Wiedergänger von Dylans Auftritt beim Newport Festival 1965 – zur elektrischen Gitarre. Columbias Manager Clive Davis hatte dies unfreiwillig befördert, als er

Springsteen wissen ließ, auf der ursprünglichen Version des Albums fehlten radiotaugliche Nummern. Springsteen kehrte daher im September 1972 ins Studio zurück, um »Blinded by the Light« und »Spirit in the Night« aufzunehmen. Das war auch der Augenblick, in dem er Clarence Clemons, mit dem er gelegentlich in den Clubs von Asbury Park zusammengespielt hatte, um Saxophonparts bat und von dem es in »Tenth Avenue Freeze-Out« auf *Born to Run* heißt:

> When the change was made uptown
> And the Big Man joined the band

Zum erhofften Verkaufserfolg führten allerdings weder die angeblich mit Hilfe eines Reimwörterbuchs erstellten Wortkaskaden von »Blinded by the Light« noch das markante Saxophonriff von »Spirit in the Night« – einem Song, der aufgrund von Springsteens Angewohnheit, sich während einer langsamen Passage der dritten Strophe ins Publikum zu begeben, ein Höhepunkt seiner frühen Shows war. Bekannt wurden beide erst, als Manfred Mann's Earth Band sie 1975 bzw. 1976 einem keyboardlastigen Glamrockarrangement unterzog und »Blinded By the Light« zu Springsteens einzigem Nummer-1-Hit machte.

Springsteens Debut-Album zeigt den »New Dylan« vor dem Hintergrund der Erwartungen seiner Plattenfirma auf der Suche nach einem eigenen Sound. Dylan ist dabei aber nur ein Einfluss unter vielen: Mit Altersgenossen teilt Springsteen die Eindrücke, die die Ed Sullivan Show-Auftritte von Elvis Presley am 9. September 1956 und der Beatles am 9. Februar 1964 hinterlassen hatten: der erste als Wunsch nach einer Gitarre, der zweite als Projekt der Bandgründung (vgl. Van Zandt 2021, Kap. 1) – ein Initiationsmoment, von dem es in »Jungleland« auf *Born to Run* ebenso selbstbezüglich wie eben noch über Clemons' Bandeintritt heißt:

The hungry and the hunted
Explode into rock'n'roll bands

Für Springsteen selbst fand diese Explosion mindestens viermal und im Anschluss an sehr unterschiedliche Stilrichtungen statt: Seine erste Highschool-Band The Castiles, in der er von 1965 bis 1967 spielte, coverte frühen Rock'n'Roll und Rockabilly, nahm aber auch schon eigene Stücke in diesem Stil auf (von denen eines, »Baby I«, 2016 auf der Begleit-CD *Chapter and Verse* zu Springsteens Autobiographie veröffentlicht wurde). Im Jahr 1968 gründete Springsteen zunächst die Bluesrock-Band Earth und im Folgejahr das Hardrockprojekt Child bzw. Steel Mill, von dem sich ebenfalls Aufnahmen auf *Chapter and Verse* finden. Erst 1971 bildete sich die Keimzelle der E Street Band – zunächst als Dr. Zoom and the Sonic Boom, eine Band, zu der auch Mitglieder gehörten, die auf der Bühne anstelle eines Instruments Monopoly spielten, und dann als Bruce Springsteen Band. Geprägt waren diese frühen Gruppierungen von ihrem für die Musikszene von New Jersey charakteristischen Bläsersound, für den ansonsten Bands wie Southside Johnny and the Asbury Jukes oder die Disciples of Soul des früheren Jukes- und dann E Street-Gitarristen Steven Van Zandt stehen.

Auch hierfür benennt Springsteen den zentralen Einfluss in einem Song: In »Incident on 57th street« auf seinem zweiten Album *The Wild, the Innocent & the E Street Shuffle* von 1973 heißt es im ersten Refrain: »Let the black boys in to light the soul flame.« Und tatsächlich war die frühe Version der E Street Band als »rock and soul band« angelegt, wie Springsteen nicht nur in dem erwähnten NPR-Podcast resümiert, sondern in Vorwegnahme von Programm und Problematik des späten Soul-Cover-Albums bereits 1975 in einem Interview betonte:

> But whatever I hear I digest very quickly, and it comes right back out the way I want it to. All the Stax stuff and Atlantic stuff, I'm very into that. Wilson Picket, Sam Cooke, Sam and Dave, Eddie Floyd, the MGs, Steve Cropper ... yeah, the band has moments, when it's based a lot on those rhythm & blues bands [...]. (Phillips/Masur 2013, 34)

Das zeigen auf *The Wild, the Innocent & the E Street Shuffle* die beiden eingangs genannten und in Tampa zur Überraschung der Fans in großer Ausführlichkeit gespielten Songs »E Street Shuffle« und »Kitty's Back«, die sogar die Grenze vom Soul zu Jazz-Fusion-Nummern überschreiten. Das liegt vor allem an Springsteens damaligem Pianisten David Sancious, einem Wunderkind an den Tasten, wie das Orgelsolo auf »Kitty's Back« oder das Klavierintro zu »New York City Serenade« nachdrücklich belegen. Unterstützt von Vini Lopez' leichtfüßigem Schlagzeugspiel, Clemons' Saxophon und Danny Federicis melancholischen Akkordeonarpeggien fängt das Album so die Atmosphäre eines Sommerabends auf dem Beach Boardwalk an der Atlantikküste ein, wie er in »4th of July, Asbury Park (Sandy)« auch besungen wird. In dem wilden Mariachi-Rocker »Rosalita« explodiert diese Atmosphäre in einem Ausdruck purer Lebensfreude, dessen wortreiche Beschwörungen der angebeteten Titelfigur aber erneut selbstbezüglich von Springsteens Weg ins Musikgeschäft erzählen:

Now, I know your Mama, she don't like me 'cause I play
in a rock and roll band
And I know your daddy, he don't dig me, but he never
did understand [...]
Well, tell him this is his last chance to get his daughter
in a fine romance
Because a record company, Rosie, just gave me a big
advance

Platziert ist dieser Höhepunkt früher Springsteen-Konzerte innerhalb der vielleicht eindrucksvollsten Songsequenzierung auf einer Springsteen-Schallplattenseite überhaupt zwischen den beiden New York-Epen »Incident on 57th Street« und »New York City Serenade«. Ähnlich wie das auf *Tracks* veröffentlichte Outtake »Zero and Blind Terry« aus dem Umfeld von *The Wild, the Innocent & the E Street Shuffle* sowie »Jungleland« auf dem Folgealbum variieren diese Songs Ganggeschichten im Stile der *West Side Story,* einem weiteren Einfluss auf Springsteens Versuch, aus den unterschiedlichen kursierenden Stilrichtungen der Populärmusik seiner Zeit eine eigene Handschrift zu entwickeln.

Das gelingt dann, wie gesagt, 1975 mit *Born to Run* – und zwar durch eine deutliche Zurücknahme der bisherigen stilistischen Vielfalt und Improvisationslust, die Springsteen aus der Tradition der Soulmusik adaptiert hatte. Das hat auch mit den personellen Wechseln in der E Street Band zu tun: Springsteen hatte zunächst Vini »Mad Dog« Lopez durch Ernest »Boom« Carter ersetzt, der auf dem Titelsong von *Born to Run* am Schlagzeug zu hören ist. Als Carter und Sancious die Band aber kurz vor ihrem Durchbruch verließen, um in der Jazzrockband Tone zusammenzuspielen, wurden mit Roy Bittan und Max Weinberg zwei Musiker als Ersatz gewonnen, die stilistisch denkbar weit von ihren Vorgängern entfernt waren: Weinbergs geradliniger Stil setzte eher auf Wucht und Präzision als auf Leichtigkeit und Swing, und Bittans klassische Ausbildung schlug sich in tonalen Harmonien und oktavierten Tonleiterläufen nieder. Daraus erwuchs der charakteristische Sound der E Street Band, der sich neben markanten Schlagzeug- und Klavierparts aus übereinandergelegten Gitarrentracks sowie Orgel, Glockenspiel und Saxophon zusammensetzt.

Dieser Sound prägt, wenngleich in weitaus roherer und nüchterner Form, auch das Folgealbum *Darkness on the Edge of Town*, das Springsteen aufgrund des Rechtstreits über seine Songrechte mit Mike Appell erst 1978 veröffentlichen konnte. Für Orgel und Saxophon findet sich nur noch wenig Raum, stattdessen singt Springsteen in »Something in the Night« eine Strophe nur zum pochenden Herzschlag der Bass Drum und entfesselt in »Streets of Fire« ein schrilles Gitarreninferno. Dazwischen lässt Roy Bittans karger Klavierpart »Racing in the Street« – einen Titel, der sich als Umdeutung des optimistischen »Dancing in the Street« von Martha and the Vandelas lesen lässt – zu einem desillusionierten Abgesang auf die auf *Born to Run* noch präsente Utopie vom Highway als Ausweg aus der Enge der Gesellschaft werden.

»By the end of *Darkness*, I'd found my adult voice«, schreibt Springsteen (2016, 267) dazu in seiner Autobiographie. Auf dem Doppelalbum *The River* von 1980 versuchte er diese – nunmehr eigenständige – Stimme um die Reproduktion des mittlerweile legendären Livesounds seiner Band im Studio zu ergänzen. Aus diesem Grund wechseln sich auf *The River* reflexive Stücke wie »Independence Day«, »Point Blank« oder »The Price You Pay« mit Partysongs wie »Sherry Darling«, »Ramrod« oder »I'm a Rocker« ab. Manche Tracks verknüpfen aber auch beide Elemente, so z. B. Springsteens erste Top Ten-Single »Hungry Heart«, in der das Auseinanderbrechen einer Familie zu einem zum Mitsingen und -klatschen animierenden Doo-Wop-Groove vorgetragen wird, oder in »Cadillac Ranch«, einer wilden Rockabillynummer, in der ein Autofriedhof Metapher für den Weg alles Lebendigen ist.

Vor allem aber ist auf *The River* der Einfluss einer ganz neuen Stilrichtung zu hören:

> Along with the class-conscious pop of the Animals, early-sixties Beat groups and the punks, I began to listen seriously to country music and I discovered Hank Wiliams. I liked that country dealt with adult topics [...]. (Springsteen 2016, 262)

Nach der erwachsenen Stimme auf *Darkness* ist nun also auch von erwachsenen Themen die Rede: Springsteen entnahm den Refrain seines Songs »The River« dem ersten Vers von Hank Williams' »Lone Gone Lonesome Blues« von 1950 sowie den Titel »Wreck on the Highway« einem Song von Dorsey Dixon und Roy Aycuff von 1938 und begann mit »Stolen Car« oder »Wreck on a Highway« Stücke zu schreiben, die in dieser Songwriter-Tradition stehen.

Nachdem er auf der *River*-Tour 1980/81 erstmals in größeren Konzerthallen gespielt und nationalen Starstatus erreicht hatte, vollzog Springsteen in der Folge eine Kehrtwende, als deren Vorbild einmal mehr Dylan betrachtet werden kann, denkt man an die Veröffentlichung der *Basement Tapes* 1975: Im Januar 1982 nahm er auf einem vierspurigen Kassettenrekorder Demoversionen von Songs auf, die Geschichten über Serienmörder, Kleinkriminelle und andere vom amerikanischen Traum Zurückgelassene erzählen – in einem auf leise

Gitarren- und Mundharmonikaklänge und wenige Backgroundvocals beschränkten Arrangement, dessen Intimität die in den Songtexten angedeuteten Schicksale, Abgründe und Ängste nahezu körperlich spürbar werden ließ. Und weil sie beim Versuch, ein geeignetes Bandarrangement zu finden, diese Qualität verloren, beschloss Springsteen, zehn der insgesamt sechzehn Stücke in dieser Rohversion zu veröffentlichen. Das daraus resultierende, bahnbrechende Album trug den Titel desjenigen Lieds, das aus der Perspektive von Charles Starkweather, einem 1959 hingerichteten Serienmörder, erzählt wird: »Nebraska«.

Auch auf diesem Album ist mit »Mansion on the Hill« ein Songtitel programmatisch von Hank Williams übernommen. Frappierend ist aber, dass Springsteen solche Übernahmen aus der Countrymusik mit Einflüssen des Elektropunk kombinierte – am auffälligsten in den schrillen Rufen am Ende von »State Trooper«, die Springsteen aus dem unheimlichen Song »Frankie Teardrops« von Alan Vegas Band Suicide übernahm (vgl. Zanes 2023, 65-69).

Selbst *Nebraska* ist in all seiner Kargheit also ein Album, das verschiedene Stile vermischt. Und es ist als solches zugleich und überraschenderweise die Keimzelle von *Born in the U.S.A.*, das mit seinem bombastischen Synthesizersound wie der Gegenentwurf zu seinem Vorgänger klingt, faktisch aber aus denselben Demoaufnahmen hervorgegangen ist – so im Fall von »Downbound Train«, »Working on a Highway« (das ursprünglich »Child Bride« geheißen hatte) sowie – ausgerechnet – »Born in the U.S.A.«. Auch diesen Song hatte Springsteen zunächst nur von einer akustischen Gitarre begleitet aufgenommen – als eine gespenstisch nachhallende Anklage gegen das Vergessen derjenigen, die in den sinnlosen Krieg im fernen Osten geschickt worden und entweder tot oder traumatisiert zurückgekehrt waren. Zum Aufschrei wurde diese Anklage erst, als sie 1983 für die E Street Band arrangiert und von dem mächtigen Schlagzeugeinsatz Max Weinbergs sowie den schrillen, asiatische Harmonien andeutenden Keyboardriff Roy Bittans eröffnet wurde, bevor Springsteen seine Version des Niedergangs des amerikanischen Traums auf die nachmals zum Markenzeichen gewordene Weise mit angeschwollenen Halsschlagadern mehr brüllte als sang:

> I'm ten years burning down the road
> Nowhere to run ain't got nowhere to go

Und doch bleibt auch hier die Spur, die zu Hank Williams zurückführt, in Versen wie »I'm a long gone daddy in the USA« weiter hörbar, so wie »Nowhere to Run« einen weiteren Songtitel von Martha and the Vandellas zitiert. Die Abfolge der Alben legt mithin sowohl Kontraste als auch Zusammenhänge offen, und wenn man möchte, kann man dies als Beleg dafür verstehen, dass musikalische Entwicklungsprozesse nicht linear verlaufen, sondern in einem Wechsel von Anschlüssen an Bestehendes und dessen Transformation.

Dieses Wechselspiel gilt nicht nur für Springsteens Aufgreifen musikalischer Traditionen, sondern auch für die Entwicklung seines eigenen Stils: So wie auf den funkigen Ton der beiden ersten Alben die »Wall of Sound« auf *Born to Run* und auf diese der harschere Ton von *Darkness* folgen, der dann der Wucht von *The River* Raum gibt, hängt die klangliche Reduktion auf *Nebraska* mit der neuerlichen Explosion auf *Born in the U.S.A.* ebenso zusammen, wie aus dieser das wiederum kontemplative Nachfolgealbum *Tunnel of Love* von 1987 entsteht – und so weiter: Auf *Tunnel* folgen zunächst 1992 die nach Auflösung der E Street Band mit einer neuen Band aufgenommenen Alben *Human Touch* und *Lucky Town*, die Rock- mit Poparrangements zu kombinieren versuchen, und danach das verhaltene Singer-Songwriter-Album *The Ghost of Tom Joad* von 1995. Im ersten Jahrzehnt des neuen Jahrtausends orientiert sich das aufs Neue mit der E Street Band eingespielte *The Rising* 2002 an effektvollen Gospelchören, bevor *Devils and Dust* 2005 wieder reflexive Töne anschlägt und *Magic* dagegen 2007 auf die orchestralen Arrangements der Popmusik der 1960er Jahre setzt. Dem Versuch auf *Working on a Dream* von 2009, Musik als optimistische Artikulation von Lebensfülle zu gestalten, kontrastiert 2012 der zornige Protest gegen die ökonomische Ungleichheit der amerikanischen Gesellschaft auf *Wrecking Ball*, und noch die Abfolge von *Western Stars* als orchestrales Country- und *Letter to You* als gitarrenlastiges Rockalbum in den Jahren 2019 und 2020 lassen dasselbe stilistische Wechselverhältnis erkennen.

Weitere Einflüsse ließen sich benennen: Zu Beginn der 1990er Jahre experimentierte Springsteen mit Drum Loops, und der auf diese Weise in seinem Heimstudio produzierten Song »Streets of Philadelphia« brachte ihm 1994 einen Oscar als »Best Original Song« für Jonathan Demmes Film *Philadelphia* ein. Zur gleichen Zeit produzierte er ein bis heute unveröffentlichtes Hip Hop-Album, und noch 2012 integrierte er in den Song »Rocky Ground« auf *Wrecking Ball* Rap-Elemente. Daneben nahm Springsteen 1997 mit einem später als Session Band bezeichneten Folk-Ensemble für ein Pete Seeger-Tributealbum den Protestsong »We Shall Overcome« auf und veröffentlichte knapp zehn Jahre darauf weitere Seeger-Cover in einem akustischen Arrangement, wie es für die irisch-amerikanische Folk- und Bluegrass-Musik typisch ist. Das eigentlich Frappierende an diesem Projekt ist aber weniger Springsteens Verneigung vor diesen Wurzeln der Americana-Musik, als dass man auf der anschließenden Tour hören konnte, wie sehr diese Wurzeln auch Springsteens eigenem Werk zugrunde liegen: Dass das für Songs von *Nebraska* wie »Atlantic City«, »Highway Patrolman« oder »Open All Night« gilt, war weniger überraschend, aber auch Stücke wie »Blinded by the Light«, »Growin' Up« oder der Rocksong »Further On (Up the Road)« von *The Rising* erklangen plötzlich im ungewohnten, aber erstaunlich stimmigen Arrangement mit Fiddle, Kontrabass und Steel Guitar. Und diese Folk-Einflüsse blieben auch auf den folgenden Alben hörbar – so in dem beschwingten Countrysong »Tomorrow Never Knows« auf dem ansonsten wenig beachteten *Working on a Dream*, vor allem aber in Stücken wie »Shackle and Drawn«, »Death to My Hometown« oder »American Land« auf *Wrecking Ball*. Und auch auf *Western Stars* sind diese Wurzeln amerikanischer Musik präsent, wobei die breiten Streichersätze des Arrangements hier zugleich auf den Produktionsstil von Musicals und der Filmmusik der 1960er Jahre als eine weitere Traditionslinie verweisen.

Auf diese Weise kann man Springsteens Alben nicht einfach nur den stereotypen Genres des ›Classic Rock‹ oder ›Heartland Rock‹ zuordnen, für den er in den 1980er Jahren aufgrund seines Images als Vertreter einer weißen Arbeiterschicht zu stehen schien (Hyden 2024, 154 ff.). Sie lassen sich vielmehr als Echokammer unterschiedlicher Traditionslinien populärer Musik des frühen 20. Jahrhunderts hören, deren Unterschiede sie ebenso deutlich machen, wie die Möglichkeit, sie in neuen Klangstrukturen zusammenzuführen. Und die Hinweise auf die zahlreichen Verflechtungen von Springsteens Songs mit Vorbildern und *traditionals* legen nahe, dass die Unterscheidung zwischen innovativer eigener und angeeigneter fremder Musik ohnehin problematisch ist – da Übernahmen von Elementen früherer Songs integraler Bestandteil des Songwritings sind, wie die eingangs dieses Kapitels zitierte Interviewaussage von Bob Dylan es ja auch schon nahelegt. Springsteens Coveralben *We Shall Overcome* und *Only the Strong Survive* sind also möglicherweise weniger Ausnahmen, als dass sie ein Element offenlegen, das seine Musik von Beginn an geprägt und weiterentwickelt hat.

Und tatsächlich bilden Coversongs einen hilfreichen Ansatzpunkt für das Verständnis von Springsteens Auseinandersetzung mit der musikalischen Tradition. Denn auch wenn sie erstmals 2006 auf *We Shall Overcome* und dann 2014 auf *High Hopes* (in Gestalt von Tim Scott McConnells »High Hopes«, Chris J. Baileys »Just Like Fire Would« sowie »Dream, Baby, Dream« von Suicide) auf Studioalben veröffentlicht wurden, waren sie von Beginn an Bestandteil von Springsteens Konzerten: Seine frühen Shows beendete er mit Rock'n'Roll-Standards wie »Twist and Shout« der Top Notes (bzw. später der Isley Brothers und der Beatles) oder dem »Detroit-Medley« von Mitch Ryder, in den 1980er Jahren kamen Folksongs wie Woody Guthries »This Land is Your Land« hinzu, und bis heute spielen, wie gesehen, Soulklassiker eine zentrale Rolle – von Harold Dormans »Mountain of Love« über Eddy Floyds »Raise your Hand« bis zu »Shout«, wiederum von den Isley Brothers. Ein besonders anrührendes Soulcover wählte Springsteen für den Gastauftritt von Steven Van Zandt, der die Band im Vorfeld der *Born in the U.S.A.*-Tour verlassen hatte, am 20. August 1984 in East Rutherford: Springsteen und Van Zandt verwandelten Doby Grays »Drift Away« von 1973 durch kleine Eingriffe in den Text der Bridge zu einem bewegenden Duett über die Geschichte ihrer musikalischen Freundschaft:

> And when my mind is free, just a melody can soothe me
> Listen Brucie: When I'm feeling blue, guitars coming
> through to soothe me
> Listen to me: Thanks for the joy, the twenty years
> you've given me
> I sure believe in your song
> The rhythm, the rhyme, and the harmony
> You help me along, making me strong
> Give me the beat boys, free my soul
> I wanna get lost in your rock and roll and drift away

In dieser Anverwandlung eines Songs, der selbst den Wunsch artikuliert, sich in der Musik anderer Leute zu verlieren, stehen der Respekt gegenüber »those who've come before« und das Bekenntnis, wie viel die eigene Musik diesen Vorbildern verdankt, kaum in Frage. Das bedeutet aber auch, dass Coversongs nicht nur Seitenstücke oder ›Zugaben‹ zum eigentlichen Werk eines Künstlers sind, sondern vielmehr Einsicht in dessen Wurzeln geben. Sie sind, anders gesagt, ein Bekenntnis, dass Kreativität nicht ohne Austausch mit der Tradition möglich ist.

Insofern dieser Austausch hier als eine Spielart popmusikalischer Kommunikation verstanden werden soll, kommt dabei allerdings auch die im ersten Kapitel erwähnte Doppelperspektive auf Popmusik ins Spiel: Springsteens »vows to those who've come before« sind auch dann, wenn man sie als aufrichtiges Bekenntnis zur Tradition versteht, zugleich Bestandteil des »magic trick«, mittels dessen Popmusik einen solchen Eindruck von Aufrichtigkeit inszeniert. Diese Kehrseite des Austauschs mit den eigenen musikalischen Wurzeln illustrieren besonders deutlich diejenigen Fälle, in denen solche Bezugnahmen die Grenze zum Plagiat überschreiten und also wieder das Problem der Aneignung im Raum steht. So habe ich oben bereits auf den zentralen Einfluss von Van Morrison auf den frühen Springsteen hingewiesen, auf dessen Plattenteller sich 1968 fast ununterbrochen das Album *Astral Weeks* drehte. In der BBC-Sendung »Desert Island Disk« vom 18. September 2016 bekannte Springsteen:

> *Astral Weeks* was an extremely important record for me. It made me trust in beauty, it gave me a sense of the divine. [...] It was trance music. It was repetitive. It was the same chord progression over and over again. But it showed how expansive something with very basic underpinning could be. There'd be no »New York City Serenade« if there hadn't been *Astral Weeks.*

Nicht nur »New York City Serenade« – zahlreiche Songs auf den ersten beiden Alben, aber z. B. auch das erst 1998 auf *Tracks* veröffentlichte Outtake »Thundercrack«, folgen mit ihrem Amalgam aus Soul-, Jazz- und Folk-Elementen, den signifikanten Violin- und Saxophonarrangements sowie den Spannungsbögen von Steigerung (*tension*) und Lösung (*release*) in den ausladenden Instrumental- und Chorpassagen Morrisons Kompositionsstil.

Neben solchen stilistischen Anlehnungen gibt es aber auch eklatante Übernahmen, wie z. B. im Fall des Songs »Madame George« auf *Astral Weeks*: Springsteen arbeitete verschiedene Versatzstücke dieses Songs in seine eigenen ein – beginnend mit dem Hinweis auf die Wahrsagerin »Madam Marie« in »Sandy« über die Verwendung des bei Van Morrison leitmotivartig wiederholten Worts »Backstreets« als Songtitel für den vierten Track auf *Born to Run* bis hin zur Übernahme der Melodie der Coda von »Madame George« für den heute als Springsteens Markenzeichen geltenden Schlusschor des Songs »Born to Run«. Auf *The River* griff Springsteen für das Lied »Drive All Night« noch einmal auf die Verse »dry your eyes« und »the rain, hail, sleet and snow« aus demselben Song zurück, und noch 2002 ist die Harmoniefolge, mit der »My City of Ruins« auf *The Rising* einsetzt, eine direkte Übernahme des Intros zu »Crazy Love« von Van Morrisons Album *Moondance* von 1970. All das beruht fraglos auf viel Liebe – aber eben auch auf einer gehörigen Portion Diebstahl, und nachdem Van Morrison auf die entsprechenden Indizien hingewiesen wurde, reagierte er in einem Interview mit Stephen Davis für die Zeitschrift *New Age* 1985 durchaus ungehalten: »[H]e's definitely ripped me off.« (Davis 1985)

Van Morrison ist aber nicht Springsteens einziges Opfer: Bei seiner Keynote-Ansprache auf dem South by Southwest-Festival in Austin, Texas 2012, in der er ein beeindruckendes komödiantisches Talent an den Tag legte, benannte Springsteen nicht nur musikalische Einflüsse, sondern spielte auf der Gitarre nacheinander den jeweiligen Anfang des Animals-Songs »Don't Let Me Be Misunderstood« und seines eigenen Songs »Badlands« vor – verbunden mit dem Eingeständnis: »It's the same fucking riff, man.« Zu demselben Ergebnis kommt man, wenn man »Blinded by the Light« mit »Listen to the Music« von den Doobie Brothers oder »E Street Shuffle« mit Curtis Mayfields »The Monkey Time« vergleicht.

Und dennoch verlangt die Doppelperspektive auf das Zusammenspiel von Aufrichtigkeit und Inszenierung wie auch von Originalität und Kopie, solche Übernahmen nicht als illegitime Trickserei abzutun, sondern als ein Element popmusikalischer Kommunikation zu betrachten, das der kreativen Eigenleistung nicht widerspricht, sondern neben ihr Bestand hat. Wählt man diese Perspektive, dann kann man nach der Funktion der unterschiedlichen Adaptionen, Cover, Plagiate und Zitate – wie z. B. die Montage der jeweiligen Riffs aus »I Was Made for Loving You Baby« von Kiss in »Outlaw Pete« auf *Working on a Dream* bzw. aus »Ring of Fire« von Johnny Cash in »We are Alive« auf *Wrecking Ball* – in Springsteens Musik fragen.

Diese Funktion verdeutlichen zwei besonders markante Beispiele aus der Zeit, in der Springsteen die 1988 aufgelöste E Street Band zunächst für die Tour 1999/2000 und dann 2002 für eine neues Album wieder zusammenbrachte. Sie zeigen, wie das Bekenntnis zur Tradition mit deren Transformation einhergeht und beides einander voraussetzt: Die Konzerte der sogenannten »Reunion Tour« wurden von einem neuen Song beschlossen, der die Wiedervereinigung der E Street Band in die in der amerikanischen Kulturgeschichte fest verankerte Metapher einer Zugfahrt fasst: »Land of Hope and Dreams«. Er beruht auf dem auch schon von Sister Rosetta Tharpe, Hank Williams, Johnny Cash oder Bob Dylan gecoverten Gospelsong »This Train is Bound for Glory« aus den 1920er Jahren (und vielleicht auch auf »Land of Hope and Glory« von Christopher Benson und Edgar Elgar von 1902, das in England den Status einer zweiten Nationalhymne genießt). Während es in »This Train is Bound for Glory« aber noch im Sinne einer christlichen Ethik heißt: »This train don't carry no gamblers, liars, thieves, nor big shot ramblers«, wird daraus bei Springsteen eine spannungsvoll ansteigende Versreihe, die in das Bild einer gemeinsamen Fahrt aller mündet:

This train … carries saints and sinners
This train … carries losers and winners
This train … carries whores and gamblers
This train … carries lost souls
I said this train … carries broken-hearted
This train … thieves and sweet souls departed
This train … carries fools and kings
This train … all aboard

Fraglos handelt es sich bei »Land of Hope and Dreams« um eine Aneignung und streng genommen Verfälschung eines *traditionals.* Aber es ist eine Verfälschung, die versucht, das musikalische Programm eines amerikanischen Kollektivs aus dem 20. Jahrhundert für die gesellschaftspolitischen Überzeugungen des 21. zu aktualisieren: Wie vor ihm schon Curtis Mayfield in »People Get Ready« von 1965 (das in Liveversionen von »Land of Hope and Dreams« auch regelmäßig anzitiert wird) überschreibt Springsteen auf diese Weise die christliche, als solches aber exkludierende Utopie im Sinne eines allinklusiven Liberalismus.

Dass Springsteen für diesen Versuch, traditionelle Musik an gegenwärtige Wertvorstellungen anzupassen, auf die Gospeltradition zurückgreift, gilt auch für das zweite Beispiel aus dem Umfeld seines ersten Albums mit der wiedervereinigten E Street Band: Auch *The Rising* ist, vor dem Hintergrund der Terroranschläge vom 11. September 2001, ein Projekt der Gemeinschaftsbildung. So dienen der Titel des Albums sowie des zugehörigen Songs, zusammen mit dem Refrain von »My City Of Ruins«, »Come on, rise up!«, als Metapher für den Versuch, sich nach der Katastrophe wieder aufzurichten und dem Idealismus der Feuerwehrleute zu folgen, die »Upstairs into the Fire« der brennenden Türme gegangen seien:

May your strength give us strength
May your faith give us faith
May your hope give us hope
May your love bring us love

Zusammen mit dem neu hinzugezogenen Produzenten Brendan O'Brien, der schon für Bands wie AC/DC, Pearl Jam oder Rage Against The Machine gearbeitet hatte, greift Springsteen für diese gebetsartigen Formeln seines Songs »Into the Fire« gezielt auf traditionelle religiöse Musik der USA zurück, transformiert sie aber auch hier, insofern er deren transzendenten Bezug ausblendet und die gemeinschaftsbildende Funktion und Wirkung in den Vordergrund rückt. In der Albumkritik im *Rolling Stone* vom 22. August 2002 zitiert Mark Binelli Springsteens Erläuterungen zu Klangstruktur und Aufbau von »Into the Fire« wie folgt:

> That's country blues. I'm doubling my voice around a twelve-string guitar, so when you hear the beginning of that thing, you hear a spirit out of the past. Mandolins. Appalachian fiddles. [...] Then [...] when the chorus hits, that's the gospel. The pump organ comes in. That's where the thing lifts and makes sense of the first verse and, hopefully, tries to make sense of the experience itself. And my best songs have done both of those things, blues and gospel. That's what my band, and my writing with the band, has always been about. On an album like *Nebraksa*, you can hear the blues thing, but the band is more like Sunday church.

In einem ähnlich hybriden Klangbild beklagen Lieder wie »Lonesome Day«, »Empty Sky« oder »You're Missing« die Lücke, die Verstorbene in ihren Familien hinterlassen haben.

»Worlds Apart« und »Paradise« bringen dagegen die Perspektiven und Klänge der arabischen Welt ins Spiel. Und »Waitin' On A Sunny Day«, »Countin' On A Miracle« sowie »Mary's Place« fragen nach der Möglichkeit, einen optimistischen Blick wiederzugewinnen – letzteres eine unverhohlene Titelanleihe bei Sam Cookes »Meet me at Mary's place« sowie ein weiteres Beispiel für einen sich steigernden Prechorus als Gospel-Stilmittel auf *The Rising.*

Springsteen war damit ein Konzeptalbum gelungen, das tatsächlich als therapeutisch empfunden wurde und dem damals 53-jährigen Musiker zu einem Zeitpunkt musikalische wie politische Anerkennung einbrachte, zu dem Karrieren in der Popmusik nicht selten auszuklingen beginnen. Die Titelmetapher des ›Erhebens‹ kann also auch hier selbstbezüglich gelesen werden, und tatsächlich blieb Springsteen in den folgenden zwei Jahrzehnten ein erfolgreicher Musiker, dessen weitere Veröffentlichungen ihm viel Anerkennung einbrachten.

Zu diesen gehört das Soul-Cover-Album *Only the Strong Survive* wie eingangs des Kapitels angedeutet eher nicht. Das liegt aber in erster Linie daran, dass auf den Coversongs dieses Albums Springsteens eigene Stimme zwar mitunter beeindruckend vielseitig zu hören ist, nicht aber im Sinne eines eigenständigen Ausdrucks oder einer Anverwandlung, mit der eine erkennbare Botschaft einherginge. Insofern ist der Vorwurf, dass hier eine gewichtige Tradition der US-amerikanischen Kulturgeschichte allzu leichtfertig aufgegriffen und verharmlost wurde, nicht von der Hand zu weisen. Aber gerade vor dem Hintergrund dieses Fehlgriffs wird deutlich, wie sehr sich Springsteens sonstige Bezugnahmen auf die Tradition hiervon unterscheiden: Springsteen hat seinen eigenen musikalischen Stil – den er auf seinem letzten Album *Letter to You* gewissermaßen selbst plagiiert – in der Auseinandersetzung mit den Traditionen des Folk, Gospel, Blues, Soul, Country und Rock'n'Roll der nordamerikanischen Musiktradition entwickelt, und er hat dabei gleichermaßen mit Referenzen, Zitaten und Plagiaten wie mit eigenständigen und innovativen Transformationen und Umschriften gearbeitet.

Wie nicht nur *Only the Strong Survive,* sondern auch die Besetzung der E Street Band auf der Tour 2023 mit Bläserensemble und Backgroundchor zeigen, spielt die Tradition der Soulmusik dabei die wichtigste Rolle. Dem Akt ihrer Aneignung steht aber stets der Anspruch zur Seite, mit der eigenen Musik die verschiedenen Linien und Verzweigungen der Tradition sowohl aufzugreifen und zusammenzufügen als auch freizulegen und zu Gehör zu bringen. Und auf diese Weise ist im Gegenzug auch Springsteens Musik zum Gegenstand solcher zugleich transformierenden und traditionsbildenden Bezugnahmen geworden – neben den erwähnten Covern von Bowie und der Manfred Mann's Earth Band gibt es Versionen von »Highway Patrolman« und »Johnny 99« von Johnny Cash, »Mansion on the Hill« von Emmylou Harris, »Pink Cadillac« von Jerry Lee Lewis, »I'm on Fire« von Mumford and Sons, »One Step Up« von Eddie Vedder – sowie nicht zuletzt eine wunderschöne Interpretation von »No Surrender« von Hank Williams' Enkelin Holly Williams, mit der sich der Kreis zu Springsteens eigenen Einflüssen schließt. Es ist ein Kreis voller Gesten der Anerkennung und des Respekts gegenüber »those who've come before«, mit denen heutige Musik in einem kommunikativen Austausch steht:

> It was all I wanted to do: find a way to honor those who'd inspired me, make my mark, have my say and hopefully inspire those who'd pick up the flag long after we were gone. (Springsteen 2016, 184)

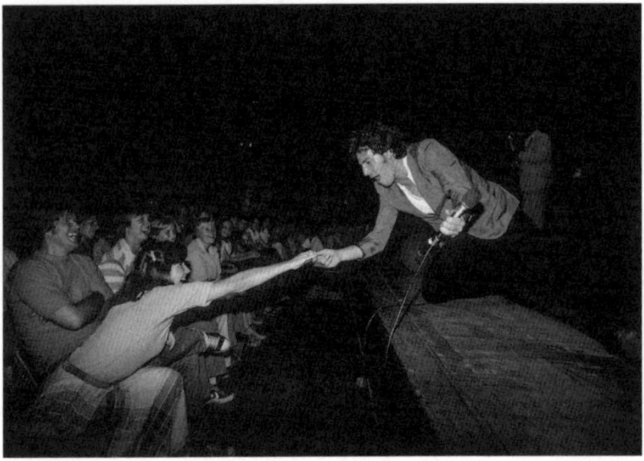

3 »They're in the show«
Zuschauer adressieren

Philadelphia, Pennsylvania, 16. März 2023. In der Woche zuvor wurden krankheitsbedingt drei Auftritte abgesagt, so dass sich das Konzert wie eine kleine Neuauflage des Tourauftakts in Tampa nach der Covidpause anfühlt. Ich habe Åsa, eine Schwedin, die der Band kreuz und quer durch die USA hinterherfährt, schon am Nachmittag des Vortags am Wells Fargo Center im Süden der Stadt getroffen, und wir haben begonnen, nach dem Prinzip des *roll call* eine Warteschlange für die begehrten Stehplätze im ›Pit‹ unmittelbar vor der Bühne zu organisieren: Alle an der Halle Eintreffenden bekommen ihren Platz in dieser Schlange auf dem Handrücken notiert, müssen sich aber alle drei Stunden wieder einfinden, um ihn aufrechtzuerhalten. Als sich die Gruppe am Konzerttag gemäß der verbrieften Reihenfolge an der Halle anstellen will, trifft sie allerdings auf eine zweite, die das Verfahren eines – überdies von europäischen Fans organisierten – Zählappells als unautorisierten Steuerungsversuch ablehnt und auf dem amerikanischen Prinzip des *first come, first serve* besteht.

Die Auseinandersetzung zwischen den Fangruppen wird von der Security amüsiert in Schranken gehalten. Sie legt nicht nur Unterschiede zwischen Fankulturen, sondern auch des jeweiligen kulturellen Selbstverständnisses offen: hier der Versuch einer transparenten und egalitären, dafür aber bürokratischen und mitunter wirklichkeitsfremden Regelung, dort das Bestehen auf das Recht des Einzelgängers auf seinen Claim. Und es gibt weitere Varianten – so wurde der Einlass in den Pit in den USA seit der *Rising*-Tour mit Hilfe einer

Lotterie organisiert, wie man anschaulich dem Fanroman *Beyond the Palace* von Sara Elizabeth Goodmann aus dem Jahr 2010 entnehmen kann. Der Wunsch, einen Platz *on the rail* – also an dem Geländer, das den Zuschauerraum von der Bühne abgrenzt – zu ergattern, eint aber all diese Kulturen des Wartens, und wem er einmal erfüllt wurde, der weiß fortan, dass es zwei Arten von Konzerten gibt: diejenigen, die man aus der ersten Reihe verfolgt – und alle übrigen.

In Philadelphia ist der Pit für lediglich 500 Personen ausgelegt und verbreitet auf diese Weise die intime Atmosphäre eines Klubkonzerts innerhalb der insgesamt 18000 Zuschauerinnen und Zuschauer fassenden Arena. Die Nähe zur Bühne, das gleißende Licht und die Lautstärke machen die fast drei Stunden Konzertdauer zu einer körperlich und emotional herausfordernden und zugleich geradezu meditativen Erfahrung – auch wenn das Verharren im Augenblick hier nicht in Stille und Einkehr, sondern deren äußerstem Gegenteil erfolgt. Da ist zunächst die Wucht der drei nahtlos aufeinanderfolgenden Eröffnungsstücke »No Surrender«, »Ghosts« und »Prove it All Night«. Springsteen ist als Bandleader und Animateur immer noch umwerfend, die Band ist, vorangetrieben von ›Mighty‹ Max Weinbergs Drums, nach wenigen Tourwochen bereits beeindruckend *tight*, und Jake Clemons, der Neffe des 2011 verstorbenen Clarence, klingt mittlerweile am Saxophon immer mehr wie sein überlebensgroßer Onkel. Und es geht atemlos weiter: »Letter to You«, »Promised Land«, »Candy's Room« – ungewohnt ist einzig, dass Springsteen seine früher üblichen ausführlichen Publikumsansprachen auf ein Minimum reduziert. Und die Setlist entspricht beinahe vollständig derjenigen, die die Band seit dem Tourneeauftakt in Tampa spielt.

Auch die Erwartung überraschender Wendungen im Konzertprogramm hat aber etwas mit unterschiedlichen Fankulturen zu tun – in Europa verbindet man mit einem Rockkonzert die Vorstellung von Spontaneität und Improvisation, während man in den USA von *shows* spricht und entsprechend von mehr oder weniger ›geskripteten‹ Darbietungen weniger enttäuscht ist. Dieser Unterschied öffnet auch in Philadelphia den Blick darauf, dass die Abfolge der Songs zwar erwartbar ist, aber einer klaren Programmatik folgt: Zum einen legt die Show mit fünf Liedern von *Born To Run* sowie dreien des Vorgänger- und vieren des Nachfolgealbums einen Schwerpunkt auf Springsteens Hochphase als Live Act in den 1970er Jahren. Zum anderen sind die Songs um ein thematisches Zentrum gruppiert, für das die Stücke von *Letter To You* stehen, aber auch »Nightshift«, »Backstreets«, »The Rising« oder »Wrecking Ball«: die Erfahrung von Tod und Vergänglichkeit. Die eindrücklichsten Augenblicke der Show sind daher die gezielt in der Mitte und ganz am Ende platzierten und im Kontrast zur Intensität des Konzertbeginns zurückgenommen solo und akustisch vorgetragenen Versionen von »Last Man Standing« und »I'll See You in My Dreams« vom neuen Album *Letter to You*. Vor »Last Man Standing« flicht Springsteen auch die einzige Publikumsansprache des Abends ein und erzählt, dass die Songs auf *Letter To You* entstanden seien, nachdem er 2018 am Sterbebett von George Theiss, dem Sänger seiner ersten Band, gestanden habe und mit voller Wucht von dem Bewusstsein der Vergänglichkeit getroffen worden sei. Im fahlen Bühnenlicht resümiert er:

> At 15, everything is tomorrow and tomorrow and hello and hello. And later on, there's a lot more good byes. It makes you realize how important living every moment of

your life is. So be good to your loved ones, and be good to yourself, and be good to this world we live in.

Auf die Elegie auf die Band seiner Jugend, deren »Last Man Standing« er seit Theiss' Tod ist, lässt Springsteen »Backstreets« folgen, die Ode auf das Ende einer Freundschaft von *Born to Run*, die nun im Kontext der Erinnerung an Theiss eine neue Bedeutung annimmt. Sie wird deutlich, als Springsteen in einer gesprochenen Passage vor dem letzten Refrain an die Gitarren- und Plattensammlung seines Freundes erinnert und mit der Hand auf dem Herzen mehrfach gedämpft flüstert: »All the rest that you left, I'm going to carry it right here«. Das ist der innigste Moment des Konzerts, der nicht wenige zu Tränen rührt. Und er bildet eine Brücke zu seinem Abschluss mit »I'll See You In My Dreams«, in dem es noch einmal heißt:

I got your guitar
Here, by the bed
All your favorite records
And all the books that you read

Zugleich ist die Intimität der Geste, mit der Springsteen die Hand aufs Herz legt, verbunden mit dem extrovertiertesten Augenblick der Show eine gute Stunde darauf, als er sich während der Zugaben nach »Dancing in the Dark« das Hemd aufreißt und mit pochender Brust schwer atmend am Bühnenrand verharrt. Dieses, wenn man so will, Offenlegen des Herzens scheint die männliche Rock'n'Roll-Ikonographie der 1970er und -80er Jahre – denkt man an Robert Plant, Sid Vicious, Iggy Pop oder Paul Stanley – zu zitieren. Im Kontext des Themas von *Letter to You* stellt sie aber vor allem die Brüchigkeit und Verletzlichkeit der kraftstrotzenden Bühnen-*persona* aus, die Springsteen seinerzeit für sich geschaffen hatte. Und sie ist Sinnbild für diejenige Offenheit, die Fans mit Springsteen verbinden, und also für das Angebot, auch das Konzert in Philadelphia als unmittelbaren Austausch zu erleben.

Aber natürlich sind all diese Elemente, die zur Intensität dieses Erlebnisses beitragen, Bestandteile einer Show, die sich Abend für Abend wiederholen und nicht der Emotion des Augenblicks geschuldet sind. Um so faszinierender ist es, dass man als Teil des Publikums dennoch den Eindruck einer direkten Ansprache gewinnen kann. Dieser Eindruck wirkt weniger abwegig, wenn man sich vor Augen führt, dass er auf derselben Grundlage beruht wie jede andere Form der Kommunikation auch: Um zu kommunizieren, müssen sich die Beteiligten, obwohl sie sich allgemeiner Sprachformeln bedienen und keinen Zugang zu den individuellen Gefühlen des Gegenübers haben, wechselseitig bestätigen, dass sie das Kommunizierte als authentisch Empfundenes anzunehmen bereit sind (vgl. Luhmann 1982).

Dasselbe gilt für die Bereitschaft, Springsteens Rührung angesichts seiner Erinnerungen ernst zu nehmen – und dieses Zusammenspiel von Künstler und Publikum ist mitgemeint, wenn Springsteen im Titelsong seines letzten Albums von einem »Brief« spricht, den er mit diesem Lied, vielleicht aber auch mit all seiner Musik, an sein Publikum gerichtet hat:

The things I found out through hard times and good
I wrote'em all out in ink and blood
Dug deep in my soul and signed my name true
And sent it in my letter to you

Wie das offene Herz sind auch das Bilder, die für die Aufrichtigkeit des Vermittelten stehen, oder wie Springsteen seine Konzertphilosophie in der Autobiographie *Born to Run* beschreibt:

> It is based on the principle that we bring our best, everything we have, on this night to remind you of everything *you* have, your best. That it's a privilege to exchange smiles, soul and heart directly with the people in front of you. (Springsteen 2016, 217)

Peter Ames Carlin geht in seiner Springsteen-Biographie von 2012 sogar noch weiter, wenn er die Konzerte der späten 1970er Jahre als »ritualistic ordeal of baring his own soul, reaching out for the communion and creating and energy powerful enough to carry the audience, and himself, to a kind of rock'n'roll salvation« beschreibt (Carlin 2012, 259). Und tatsächlich gibt es, wie im fünften Kapitel zu sehen sein wird, zahlreiche Beschreibungen der Konzerte als nahezu religiöse Offenbarungen. Zu ihnen gehört, neben dem Erleben eines unmittelbaren Austauschs mit dem Star, immer auch das Gemeinschaftserlebnis der Fans untereinander, wie der Kulturanthropologe Daniel Cavicchi in seiner Studie über Springsteen-Fans feststellt:

> The excitement of participation, the feeling of connection with Springsteen, the interaction of fans and other audience members, the rituals, the energy, the empowerment, the communal feeling, the evaluation and discussion: together, they enact the meaning of fandom. (Cavicchi 1998, 37; vgl. Baxter-Moore 2016)

Cavicchi rekonstruiert auch minutiös den Prozess vom Ticketerwerb über den Einlass in die Halle bis hin zum Erleben des Konzerts, dessen Ablauf er am Beispiel einer Show vom 14. Dezember 1992 in Boston ausführlich beschreibt (Cavicchi 1998, 25-36). Der kommunikative Aspekt einer solchen Konzerterfahrung besteht demnach im Selbstverständnis der Fans, dass nicht nur Springsteen ihnen, sondern auch sie Springsteen eine Show bieten, indem sie mitsingen, tanzen, Liedwünsche äußern und Ähnliches mehr: »Springsteen and the audience [...] performed for each other.« (Ebd., 32, vgl. 93) Aus dieser Wechselseitigkeit ergibt sich der Eindruck eines unmittelbaren Austauschs, wie ich ihn auch noch einmal in Philadelphia erlebe und den Springsteens Kollege Steve Earle im Monat darauf bei der Verleihung der »American Music Honors« durch das *Bruce Springsteen Archives and Center for American Music* an der Monmouth University am 15. April 2023 als Kern von Springsteens Bedeutung hervorhebt:

> He is the singer-songwriter of my generation, he is the guy we all tried to keep up with and the greatest performer as far as communicating with the audience is concerned that rock'n'roll has ever produced. (Vgl. Dore 2022, 148)

Dieser Ruf begleitet Springsteen von Beginn an. Schon vor dem Durchbruch mit *Born to Run* zirkulierten im Nordwesten der USA Berichte über die Intensität seiner Auftritte – kulminierend in der Besprechung, die der Musikkritiker Jon Landau am 22. Mai 1974 in *The Real Paper* über einen Auftritt der Band im Vorprogramm von Bonnie Raitt am 9. Mai im Harvard Square Theatre in Cambridge bei Boston veröffentlichte. Unter der Überschrift »Growing Young with Rock and Roll«, deren Eingangsformel Springsteen zehn Jahre darauf im Songtext von »No Surrender« aufgreifen würde, räsoniert sein späterer Manager hier, wie alle großen Momente des Rock'n'Roll schon wieder der Vergangenheit angehörten, um dann zu schreiben:

> But tonight there is someone I can write of the way I used to write, without reservations of any kind. Last Thursday, at the Harvard Square theatre, I saw my rock'n'roll past flash before my eyes. And I saw something else: I saw rock and roll future and its name is Bruce Springsteen. And on a night when I needed to feel young, he made me feel like I was hearing music for the very first time. (Landau 1974)

Columbia machte bei der Werbekampagne für *Born to Run* reichlich Gebrauch von der Formel »rock and roll future«, und Springsteen schürte die Erwartungen weiter durch seine zehn energiegeladenen Auftritte im New Yorker Club Bottom Line kurz vor Veröffentlichung des Albums. Bei einem dieser Auftritte waren Martin Scorsese und Robert de Niro zugegen, die in New York gerade den Film *Taxi Driver* drehten und verfolgten, wie Springsteen während des Gary U.S. Bond-Covers »Quarter to Three« den angesichts des drohenden Endes der Show protestierenden Zuschauerinnen und Zuschauern wiederholt und gespielt provokativ entgegenrief: »You talkin' to me?« Der Ironie dieser Frage liegt eine gehörige Portion Ernst zugrunde, adressiert sie doch präzise die Erwartung einer Kommunikation zwischen Künstler und Publikum. Und sie schrieb Filmgeschichte, nachdem de Niro sie in *Taxi Driver* in der Szene verewigte, in der Travis Bickle vor dem Spiegel das Ziehen der Pistole probt (vgl. Ames 2012, 199 f., Hyden 2024, 46).

Die *Born to Run*-Tour führte Springsteen dann quer durch

die USA sowie erstmals für vier Konzerte nach Europa. Am 18. November hing über dem Hammersmith Odeon in London ein Banner mit der Aufschrift »Finally London is Ready for Bruce Springsteen and the E Street Band« – sehr zu Springsteens Missfallen, der das Konzert (dessen Filmaufnahme Teil der Box zum 30. Jahrestag der Veröffentlichung von *Born to Run* ist) aufgrund des Erwartungsdrucks seinen eigenen Angaben zufolge nur unter großer Anspannung über die Bühne brachte:

> I tear through the theatre [...] ripping down every poster and disposing of every flyer I can get my hands on. I need a clean environment to work in. I need to reclaim the theater for my fans, for me and for my band. By showtime, I'm fucked. I'm pathetically wrecked and nervous. At twenty-five, I am still a provincial young man. I have never been overseas in my life. As I've said before, I know I'm good but I'm also a poser. That's artistic balance! In the second half of the twentieth century, »authenticity« would be what you made of it, a hall of mirrors. (Springsteen 2016, 228)

Diese Beschreibung zeigt, wie wenig selbstverständlich der Austausch zwischen Künstler und Publikum ist. Die Geste, Werbeplakate abzureißen (oder, wie 1978 auf der *Darkness*-Tour in Los Angeles geschehen, zu übermalen), ist einerseits eine authentische Verweigerung der Marktmechanismen, die zwischen Star und Fans stehen. Und doch beruht sie als Geste zugleich auf Konstruktionen und Projektionen. Und wie im Fall des im ersten Kapitel zitierten »magic trick« bezieht sich Springsteen mit der Bezeichnung dieses Authentizitätskonstrukts als ›Spiegelkabinett‹ auf die Welt der Jahrmarktbuden entlang des Boardwalk von Asbury Park. Er liefert damit aber auch einen Beleg dafür, wie wichtig die ebenfalls eingangs im Anschluss an Diederichsen vorgestellte Doppelperspektive ist: Popmusik ist ein Phänomen, das stets von individuellen Ausdrucksereignissen und performativen Inszenierungen zugleich geprägt ist.

Wohl um den Anteil dieser Inszenierungen nicht offenzulegen, wehrte sich Springsteen lange gegen die Veröffentlichung von Filmaufnahmen seiner Auftritte. Wie für viele Fans war mein erster visueller Eindruck von einer Springsteen-Show das Video des Songs »Rosalita« aus einem Konzert am 8. Juli 1978 im Arizona Veterans Memorial Coliseum in Phoenix, das 1984 auf MTV gezeigt wurde und 1989 Teil einer VHS-Anthologie war. Dieses Video gibt einen faszinierenden Einblick in die wechselseitige Dynamik von Künstler und Publikum.

»Rosalita« ist hierfür auch insofern der passende Song, als er eine Aufforderung zum Mitgehen und Mittanzen ist: »Rosalita, jump a little lighter / Senorita, come sit by my fire«! Schon bei den ersten Akkorden tänzelt Springsteen an den Bühnenrand inmitten der seinerzeit noch nicht durch Barrieren abgetrennten Fans, trägt die erste Strophe breit grinsend und wild gestikulierend vor, und als er »I'm only here for fun!« singt, kommt die erste junge Frau auf die Bühne und versucht ihn zu küssen. Während ein Ordner sie zurück in den Zuschauerraum führt, verfolgt Springsteen beide und verpasst den Einsatz des ersten Refrains. Weitere weibliche Fans springen auf die Bühne, Springsteen legt sich rücklings auf Roy Bittans Flügel, tanzt mit Clarence Clemons, dreht Pirouetten, animiert zum Mitsingen und wird schließlich unter einem Berg weiblicher Fans begraben – das Ganze ein Ausdruck unbändiger Spiel- und Lebensfreude, der Pose sein mag, aber zu keinem Augenblick so wirkt.

Am Tag nach diesem Auftritt erklärt Springsteen dem Radiomoderator Dave Herman:

> The main thing is to cut down on the distance as much as possible, which is something that I've been interested a lot in lately. It's just to get as close as possible to the audience. [...] [T]he people come and they're at the show. Well, they're not *at* the show, they're in the show. I'm not only in the show, I'm *at* the show. It's [...] a cooperative thing. (Phillips/Masur 2013, 92)

Und tatsächlich finden sich auch aus Publikumsperspektive Beschreibungen einer solchen ›Zusammenarbeit‹ – so von Dave Marsh, dem Ehemann von Springsteens Tourmanagerin Barbara Carr, der im *Rolling Stone* vom 24.8.1978 wohl nicht ganz unbefangen über die Auftritte der Band in Los Angeles am 7. Juli und in Phoenix am Tag darauf berichtete:

> It's not just that it's another fantastic show. This is another goddamn event, and it goes farther than the Roxy, with all of the show's intimacy, innocence and vulnerability, but with an added factor of pandemonium. It's the sweetest-tempered crowd I've ever seen, and at the same time, the most maniacal. [...] During »Prove It All Night«, three extremely young girls in the front row hold up a hand-lettered sign written on a bedsheet. Quoting the song, it says, JUST ONE KISS WILL GET THESE THINGS FOR YOU. And he gets them, during »Rosalita«, one after another, as they race up to kiss him, lightly, on the cheek. A fourth darts up, and just ... reaches out and touches his hand. And finally, three more race up and bowl him over. (Marsh 1978)

Auf dem »Rosalita«-Video erscheinen die Küsse keineswegs so keusch, wie hier insinuiert. Aber es geht bei Springsteens Auftritten wie ihrer Darstellung ja auch darum, jede Form der objektiven und neutralen Wahrnehmung der Ereignisse zu vermeiden. So ist auch Marshs drei Jahre darauf erscheinende Springsteen-Biographie ein Dokument der rückhaltlosen Begeisterung, die sich vor allem auf das Phänomen der Live-Auftritte konzentriert und durch die minutiöse Rekonstruktion ganzer Konzertabläufe versucht, deren konzise Struktur und Botschaft einerseits, musikalische Qualität und euphorisierende Wirkung andererseits nachvollziehbar zu machen. Nicht zuletzt aufgrund von Marshs wortgewaltiger Fanperspektive hat die *Darkness on the Edge of Town*-Tour von 1978 heute Legendenstatus – unterstützt auch durch die Radioübertragungen von fünf Konzerten in West Hollywood, Cleveland, Passaic, Atlanta und San Francisco zwischen dem 7. Juli und dem 15. Dezember, die vor ihrer offiziellen Veröffentlichung als Teil der *Archives*-Serie unter Titeln wie *Pièce de Résistance* oder *Live in the Promised Land* zu den populärsten Springsteen-Bootlegs gehörten.

Auch für diese intensive Bühnenwirkung lassen sich wieder Vorbilder und Einflüsse benennen – allen voran Chuck Berry, Little Richard und Elvis Presley, die in den 1950er Jahren als erste den Vortrag eines Songs mit exzessiven Tanzbewegungen und expressiven Gesten verbunden und damit Massenekstasen ausgelöst hatten. Springsteen selbst verwies aber auch diesbezüglich schon 1975 in einem Interview auf die eigentliche Wurzel seiner Show: »Because most of your better bandleaders have all been your soul bandleaders.« (Phillips/Masur 2013, 34) Gemeint dürfte damit vor allem James Brown sein, dessen Bewegungen auf der Bühne nicht nur Tanzschritte waren, sondern die unmittelbare Affiziertheit des Körpers des Sängers von den scharfen Rhythmen der Musik ausstellten. So inszenierte Brown am Ende von »Please, Please, Please« regelmäßig einen von den besungenen Emotionen und der Anstrengung seiner expressiven Darbietung ausgelösten Zusammenbruch, den Springsteen auf der *Darkness*-Tour am Ende der eben schon erwähnten Zugabe »Quarter to Three« zu einer fingierten Ohnmacht ausbaute. Man kann das auf der 2021 veröffentlichten Filmaufnahme von Springsteens Auftritt beim *No Nukes*-Konzert im New Yorker Madison Square Garden am 22. September 1979 verfolgen: Er lässt sich in Zeitlupe hintüber zu Boden sinken, wird von seinen mit Handtüchern wedelnden und auf ihn einredenden Bandkollegen aufgerichtet und verkündet unter dem Protest des Publikums »I can't go on like this!«, bevor er wieder quer über die Bühne rennt, auf Max Weinbergs Schlagzeug klettert, zurück ans Mikrophon taumelt und »I'm just a prisoner ... of Rock'n'Roll«! brüllt – nur, um noch einmal in den Song einzusteigen, sich das Hemd aufzureißen, mit Clemons den Duckwalk zu proben und mit der Stiefelsohle auf die Tasten von Roy Bittans Flügel zu hämmern.

Noch über vierzig Jahre nach diesen Ereignissen kann man allein beim Ansehen der DVD feststellen: Gerade wenn man all diese Stilmittel als inszenierte Posen und Bestandteile von Springsteens »magic trick« versteht, ist es um so bemerkenswerter, wie intensiv sie wirken. Denn Springsteen leistet für die Darstellung seiner physischen und emotionalen Überforderung ja tatsächlich einen erheblichen körperlichen und persönlichen Einsatz, was allein die beinahe vierstündige Dauer vieler seiner Konzerte belegt. Auf diese Weise entsteht der Eindruck der Nähe zwischen Künstler und Publikum, weil letzteres das vorgeführte körperliche Überwältigtsein zeitgleich am eigenen Leib erfährt und dadurch in unmittelbarem Kontakt mit dem auf der Bühne Aufgeführten steht. Springsteens Shows zeigen, anders gesagt, weniger ihn selbst, als dass er stellvertretend die Emotionen seines Publikums ausagiert. Und sein mitunter belächeltes Engagement, dies mit einem Einsatz zu tun, der viele seiner live vorgetragenen Songs als Ergebnis äußerster stimmlicher und körperlicher Anstrengung erscheinen lässt, ist Ausdruck der Ernsthaftigkeit, mit der Springsteen nicht nur seine Themen, sondern auch die Verbindung zu seinem Publikum zum Ausdruck zu bringen versucht.

Hinzu kommt, dass Springsteen viele Elemente seiner Live-Auftritte im Wechselspiel mit dem Publikum vollzieht und gezielt auf dessen Erwartungen reagiert bzw. diese antizipiert. Ein Beispiel dafür ist Springsteens erst 1986 auf dem Live-Album und 1989 als Video veröffentlichter Song »Fire«, mit dem die Pointer Sisters 1978 einen Hit gehabt hatten: Springsteen gibt hier nach der Bridge vor, nicht weitersingen zu wollen, obwohl der Dominantakkord, auf dem die Bridge endet, die Auflösung in die Grundtonart einfordert. Dadurch wird der *tension*-Effekt der Songstruktur – der auch für das im Song thematisierte erotische Begehren steht – in ironischer Überspitzung dieses Stilmittels aus der Soulmusik ins Extrem gesteigert, und das Publikum artikuliert dieses Spannungsgefühl auch lautstark, bevor Springsteen doch noch in die abschließende Strophe einfällt (vgl. auch Cavicchi 1998, 32 f.).

Der entscheidende Grund für das Gefühl eines besonders intensiven Austauschs zwischen Künstler und Publikum während eines Springsteen-Auftritts scheint mir aber darin zu bestehen, dass er die schweißtreibend-spielerische Energie seiner Auftritte mit deren Gegenpol verbindet: So wie Soulmusik auf dem Wechselspiel von *tension and release* beruht, kombinieren Springsteens Shows expressive mit reflexiven Momenten – z. B. im Fall der erwähnten Publikumsansprache vor »Last Man Standing« auf der Tour 2023. Während der frühen Tourneen hatten solche Ansprachen noch der Unterhaltung gedient: Springsteen erzählte zwischen oder inmitten von Songs wie »Growin' Up« von seiner ersten Begegnung mit Clarence Clemons, der in einer stürmischen Nacht in dem Augenblick im Eingang des Clubs Student Prince in Asbury Park erschienen sein soll, als die Tür von einer Böe aus den Angeln gerissen wurde. In einer anderen Geschichte verirren sich Springsteen und Clemons nach einer Autopanne in den sumpfigen Wäldern von New Jersey, bis ihnen auf einer Lichtung Gottvater erscheint und das 11. Gebot verkündet: »Let it Rock!« – und dies ist zugleich das Stichwort für die Rückkehr in den Song.

Auf der *Darkness*-Tour wurden Springsteens Geschichten nachdenklicher und galten, passend zum Thema von »Growin' Up«, Konflikten mit seinem Vater. Wie in der auf *Live 1975-85* enthaltenen Aufnahme des Songs während des im obenstehenden Zitat von Dave Marsh erwähnten Auftritts im Roxy in West Hollywood am 7. Juli 1978 zu hören, erzählt Springsteen hier von den bedrückenden Nächten, in denen er wortlos mit seinem rauchenden und trinkenden Vater in der Dunkelheit ihrer Küche sitzen und sich für seine Liebe zur Musik rechtfertigen musste: »When I was growing up, there were two things that were unpopular in my house: one was me, the other one was my guitar.« Die Erwartung seiner (bei dem Konzert anwesenden) Eltern, einen echten Beruf zu wählen, verband er in dieser Geschichte mit einem Identifikationsangebot für das Publikum: »And so, if you guys ... one of you guys is wanted a lawyer and the other one wanted an author, tonight you are both just gonna have to settle for rock'n'roll.« Und auch hier führen diese letzten Worte wieder zurück in den restlichen Song.

Springsteens Ansprachen erfüllen damit dieselbe Funktion wie die Inszenierungen seines eigenen Überwältigtseins: Sie bieten dem Publikum Anknüpfungspunkte, anhand derer es das Dargebotene auf eigene emotionale Zustände und Lebenserfahrungen beziehen kann, wenn es sich nicht gar in den beschriebenen Situationen selbst wiedererkennt. Und einem Interview in der Zeitschrift *Hot Press* aus dem Jahr 1984 zufolge gilt dies auch umgekehrt:

> I feel that the night you look into your audience, and you don't see yourself, and the night the audience looks at you, and they don't see themselves, that's when it's all over, you know? I think to do it really well, and to do it right, you've got to be down there in some fashion. […] I feel that you have to have that emotional connection, to the people that you're singing to, and about […]. (Phillips/Masur 2013, 139)

Während der *River*-Tour erweiterte Springsteen seine Ansprachen aber über diese persönliche Dimension hinaus. Es ist faszinierend, zu hören, wie unsicher und vorsichtig er sich dem neuen Terrain gesellschaftspolitischer Fragen annähert, so z. B. bei der Anmoderation von Woody Guthries Protestsong »This Land is Your Land« am 29. Dezember 1980 in Uniondale, New York: Springsteens undeutliches Murmeln und abgebrochene Sätze wurden für die Veröffentlichung des Songs auf der Live-Kompilation von 1986 ediert, sind aber in der 2019 als Teil der *Archives*-Serie erschienenen Gesamtaufnahme des Konzerts deutlich zu hören. Gerade diese Unsicherheit bot aber wieder Anknüpfungspunkte für das seinerzeit vermutlich politisch auch nicht durchweg orientierte Publikum. Springsteens Statements wurden in der Folge aber artikulierter und gewichtiger – allen voran bei seinem Konzert für die Vietnamveteranen 1981 sowie vor dem Soulcover »War« auf der *Born in the U.S.A.*-Tour, auf die ich im fünften Kapitel zurückkommen werde. Die zunehmende Politisierung prägt auch den Auftritt am 19. Juli 1988 in Ostberlin, bei dem Springsteen vor dem Dylan-Cover »Chimes of Freedom« eine kleine Ansprache auf deutsch hielt, für die ihm nahegelegt wurde, das Wort »Mauer« zu vermeiden, wie man auf YouTube sehen und hören kann: »Ich bin nicht für oder gegen eine Regierung, ich bin gekommen, um Rock'n'Roll zu spielen, in der Hoffnung, dass eines Tages alle Barrieren abgerissen werden.« (Vgl. Kirschbaum 2013)

Auf der *Tunnel of Love*-Tour 1988 trat noch ein weiteres Element hinzu, durch das sich das Publikum eines Springsteen-Auftritts angesprochen fühlen konnte: Passend zum Thema des Albums, das von Ehe- und Männlichkeitskrisen handelt, ordnete Springsteen für die Setlist seiner Shows eigene Titel und Coverversionen zu einem narrativen Bogen an, der von den Hoffnungen und Enttäuschungen von Liebesbeziehungen erzählte. Hier zeigte sich zum ersten Mal der Anspruch, Live-Konzerte nicht nur als Abfolge besonders beliebter Songs, sondern als »Brief« mit einer Botschaft zu konzipieren. Ähnlich programmatische Liedfolgen lassen sich auch für fast alle weiteren Tourneen nachweisen – besonders deutlich im Fall der *Rising*-Tour 2002 nach den Anschlägen des 11. September sowie eben auf der Tour 2023.

Das zentrale Kommunikationsangebot an das Publikum auf der Tour 1988 war aber die solo und akustisch vorgetragene Version von »Born to Run«, vor der Springsteen sagte:

> When I wrote this song I thought I was writing about a guy and a girl that wanted to run and keep on running. And that was a nice romantic idea. But I realized that

> after I put all those people in all those cars, I was gonna have to figure out some place for them to go, you know. And I realized that in the end, I guess, that individual freedom, when it's not connected to some sort of community or friends or the world outside, ends up feeling pretty meaningless. So, I guess that guy and that girl, they were out there looking for a connection. And I guess that's what I'm doing here tonight. So this is a song about two people trying to find their way home. I'd like to do it for you and dedicate it to you, just saying the song's kept me good company on my search and I hope it's kept you good company on yours.

Zusammengenommen stehen alle diese Elemente für dasjenige, was eigentümlich und besonders an einem Springsteen-Konzert erscheint: Dem Publikum wird sowohl hinsichtlich seiner musikalischen Begeisterung als auch mit Blick auf Lebens- oder Gesellschaftskrisen das Angebot gemacht, in einen Austausch mit dem Künstler zu treten. Für dessen Gelingen müssen diese Elemente freilich wohl austariert sein: Einerseits sind sie glaubhaft persönlich zu vermitteln, obwohl sie Bestandteil eines Abend für Abend wiederholten Ablaufs und Textrepertoires sind; andererseits müssen sie verallgemeinerbar sein, ohne dabei ins Klischeehafte oder Stereotype abzurutschen. Ich sehe im Gelingen dieser Balance in Springsteens besten Momenten den Grund für die jahrzehntelange Fanbindung und die anhaltende Attraktivität seiner Shows: Zwar sind die Bewegungsabläufe und Ansprachen nicht spontan und die Geschichten auf generelle Probleme wie Adoleszenzerfahrungen und gesellschaftliche Akzeptanz bezogen – und trotzdem ist man als Teil des Publikums bereit, Springsteens expressive wie reflexive Darstel-

lung seiner emotionalen Involviertheit als Ausdruck eines hinter deren unvermeidlicher Inszeniertheit vorhandenen und tatsächlichen Interesses ernst zu nehmen, mit einem faktisch anonymen Publikum in Verbindung zu treten.
Ich habe Springsteen das erste Mal 1993 live gesehen, auf seiner Tour mit der sogenannten »other band« nach Veröffentlichung der beiden wenig beachteten Alben *Human Touch* und *Lucky Town*. Die Shows waren großartig, Springsteen agierte in Ermangelung eingespielter Bühnenpartner wie Clarence Clemons oder Steven Van Zandt wie ein Solokünstler, und in Mannheim kletterte er am 17. Mai bei »Leap of Faith«, passend zum Songtitel, sogar zum Crowdsurfing ins Publikum – und doch hatte ich das Gefühl, Zeuge der Spätphase einer Karriere zu sein, deren entscheidende Höhepunkte ich unwiederbringlich verpasst hatte.

Dieser Eindruck schien sich drei Jahre darauf zu bestätigen, nachdem Springsteen 1995 ein zweites Akustikalbum herausgebracht hatte und solo auf Tour ging. *The Ghost of Tom Joad* erzählte von Migrantenschicksalen und Kleinkriminellen im Südwesten der USA, und Auftritte wie derjenige, den ich am 18. Februar 1996 in Düsseldorf verfolgte, waren ganz auf die Vermittlung dieser Geschichten ausgerichtet. Springsteen bat um Ruhe, verbat sich Mitklatschen und trug zwei Stunden lang nahezu reglos mit Gitarre und Mundharmonika sein Programm vor. Selbst Hits wie »Born in the U.S.A.«, »No Surrender« oder »Streets of Philadelphia« wurden an das karge Arrangement und die nachdenkliche Atmosphäre des Abends angepasst. Aber am Ende machte gerade die Unnahbarkeit dieses Auftritts seine immense Intensität aus: Zum ersten Mal bekam ich eine Ahnung vom Selbstverständnis und der Ernsthaftigkeit US-amerikanischer Musik in der Singer-Songwriter-Tradition.

Vor dem Hintergrund der bisherigen Beschreibungen war die *Ghost of Tom Joad*-Tour aber weniger eine komplette Neuerfindung Springsteens als Live-Performer als eine Fokussierung und Intensivierung der oben beschriebenen Kontrastmomente seiner Shows mit der E Street Band. Das Album *Nebraska* hatte er seinerzeit nicht mit einer Tour unterstützt, aber auf der *Born in the U.S.A.*-Tour regelmäßig zwei bis drei Stücke daraus akustisch gespielt. Und zehn Jahre nach *The Ghost of Tom Joad* ging Springsteen nach Veröffentlichung des Soloalbums *Devils and Dust* wieder allein auf Tour – mit dem Unterschied, dass die Bühne dieses Mal als eine Art Wohnzimmer arrangiert war, in dem verschiedene Saiten- und Tasteninstrumente zur Auswahl standen, zwischen denen Springsteen hin- und herwechselte, während er die Lieder mit kleinen Geschichten anmoderierte. Dazu gehörten auch spontane persönliche Momente wie die Begegnung mit einem schwangeren Fan vor einem Konzert, das ich am 16. Juni 2005 wiederum in Düsseldorf besuchte: Springsteen erfüllte ihr den Wunsch, »Incident on 57th Street« zu spielen, weil der Refrain des Lieds »a kind of a lullaby« sei. Auf diese Weise wurde auch dieses Konzert zu einem gleichermaßen vielseitigen und intimen Erlebnis, das, wie Springsteen am Ende selbst sagte, auf einem Austausch von Künstler und Publikum beruht:

> I enjoy playing like this a lot, and it takes the two of us. I got to come out here, and then you got to give me all that big, open, quiet space. And it touches my heart, and I just want to say »Danke schön«.

Ihren Höhepunkt erreichte diese kommunikative Konzertästhetik in Gestalt von *Springsteen on Broadway* 2017 und 2018.

Springsteen hatte diese Show auf der Grundlage seiner kurz zuvor erschienenen Autobiographie konzipiert, nachdem der scheidende US-Präsident Barack Obama ihn nach einem Auftritt im Weißen Haus anlässlich seiner Verabschiedung angeregt hatte, ein solches Programm vor einem größeren Publikum zu spielen. Springsteen kombinierte in den insgesamt 236 Auftritten dieser Show die einzelnen Stationen seiner Biographie mit jeweils passenden Liedern aus seinem Katalog und erzeugte für die nicht einmal 1000 Besucher des Walter Kerr Theatre auf der 48. Straße in Manhattan erneut eine Wohnzimmeratmosphäre. Und obwohl die Texte, die er vortrug, Abend für Abend dieselben waren, reagierten diese Besucher nicht nur begeistert, sondern gerührt, wenn Springsteen von seinen Eltern und verstorbenen Bandkollegen erzählte. Und wie im zugehörigen Netflix-Film zu sehen, galt das auch für Springsteen selbst – so, wenn er vor dem seiner Mutter gewidmeten Song »The Wish« von deren Alzheimererkrankung erzählt und dann während des zweiten Refrains im Vers »I'm older now, but you'll know me in a glance« nach dem »you'll know me« eine Pause macht, neu ansetzt und das Lied sichtlich berührt zu Ende bringt.

Dass sich solche bewegenden Momente just bei derjenigen Springsteen-Show einstellen, die vollständig geskriptet ist, macht sie zu einem besonders anschaulichen Beispiel für die Gleichzeitigkeit inszenierter und expressiver Momente, von der Diederichsen in *Über Pop-Musik* spricht: Auch wenn man meinen sollte, dass das eine das andere ausschließt, zeigt *Springsteen on Broadway*, dass die kommunikative Wirkung eines Konzerts durch seine präzise Konzeption und Dramaturgie als Show sogar gesteigert werden kann, solange sie damit Raum für solche Momente des Berührtwerdens schaffen.

Dass ich ein Ticket für die Neuauflage der Show, das

ich für den 24. August 2021 hatte, verfallen lassen musste, weil ich wegen der Coronaregelungen nicht in die USA einreisen konnte, gehört fraglos zu den Tiefpunkten meiner Fanbiographie. Was ich allerdings entgegen meines ersten Eindrucks von 1993 doch nicht verpasst hatte, war Springsteens Hochphase mit der E Street Band. Denn direkt nach der Veröffentlichung von *The Ghost of Tom Joad* holte er seine früheren Begleitmusiker für Zusatzaufnahmen für ein *Greatest Hits*-Album zurück ins Studio, und von April 1999 bis Juli 2000 schloss sich die sogenannte *Reunion Tour* an, die den Ruf der Band als einer der besten Live Acts der Rockgeschichte nach einer zehnjährigen Konzertpause uneingeschränkt wiederherstellte. Auch Steven Van Zandt war wieder mit von der Partie, und ihn zusammen mit Springsteen sowie, von links nach rechts, Clarence Clemons, Danny Federici, Nils Lofgren, Max Weinberg, Gary Tallent und Patti Scialfa am 15. April 1999 in der Köln-Arena auf der Bühne zu sehen, war ein euphorisierender Moment, noch bevor die ersten Takte des – durchaus symbolisch gewählten – Eröffnungssongs »My Love Will Not Let You Down« durch die Halle dröhnten.

Und tatsächlich drehten sich die Konzerte der Tournee um das Thema einer wiedergewonnenen Gemeinschaft: Mittelpunkt der Show war eine Version von »Tenth Avenue Freeze-Out«, ein Song, der aufgrund der Zeile »the Big Man joined the band« seit jeher als musikalischer Gründungsmythos der Band zelebriert wird. Vor diesem notorischen Vers rief Springsteen deren Mitglieder der Reihe nach zu den Klängen von Al Greens Soulklassiker »Take Me to the River« auf, ihm an einen mythischen Fluss zu folgen, der ihre Gemeinschaft repräsentiert. Und in einer weiteren Unterbrechung während des Songs »Light of Day« schloss er das Publikum in diese Gemeinschaft ein, wenn er ihm mit überschlagender Stimme und begleitet von wuchtigen Breaks der Band in einem sich stakkatoartig steigernden Initiationsritus eines weltlichen Gospelgottesdienstes als dessen Prediger verkündete:

> I'm here tonight – I'm here tonight – I'm here tonight – to re-educate you, to resuscitate you, to regenerate you, to re-confiscate you, to recombobulate you, to re-indoctrinate you, to resexualate you, to rededicate you, to reliberate you with the power and the glory, with the power and the glory, with the promise, with the majesty, with the mystery, with the ministry of rock and roll! – Now, unlike my competitors, I cannot, I shall not, I will not promise you life everlasting ... but I can promise you life ... right now!

In dieser Ansprache fließen die unterhaltenden und nachdenklichen Spielarten früherer Bühnenansprachen zusammen und werden zu einer kathartischen Feier der Diesseitigkeit gesteigert. Mit seinen ausladenden Gesten, der scharfen Skandierung des Textes und der Wechselrede mit dem ekstatisch auf jede Pause zwischen den Ausrufen reagierenden Publikum positioniert sich Springsteen zudem noch einmal als einer derjenigen »soul bandleader«, an denen er sich bereits zu Beginn seiner Karriere orientiert hatte. Und er nutzte diese Ausdrucksform von Gospel und Soul auch auf allen weiteren Tourneen des neuen Jahrtausends, bei denen er während Songs wie »My City of Ruins«, »Mary's Place« oder »Working on a Dream« ähnlich stimmgewaltige *call-and-response*-Ansprachen einflocht.

Springsteens Rolle als weltlicher Prediger zielt dabei, wie im fünften Kapitel zu sehen sein wird, auch darauf, die Gemeinschaftsidee, für die die E Street Band steht, auf sein Publikum auszuweiten. Demselben Zweck dienen weitere Formen der Interaktion, die sich in den 2000er Jahren etablierten: Am 12. November 2002 griff Springsteen in Cincinnati zum ersten Mal einen Songwunsch auf, den ein Fan in der ersten Reihe mittels eines Pappschilds geäußert hatte. Daraus entwickelt sich in den folgenden Jahren eine wild grassierende Mode, die dazu führte, dass ganze Shows zu regelrechten Wunschkonzerten wurden. Man kann das auf der *Archives*-Veröffentlichung des Konzerts vom 23. August 2008 in St. Louis auch akustisch verfolgen, weil Springsteen zu Beginn des Songs »Rendezvous« minutenlang Schilder einsammelt und anschließend tatsächlich Raritäten wie »Mountain of Love« zum Besten gibt. Auf der *Wrecking Ball*-Tour war ich am 5. Juli 2013 in Mönchengladbach Zeuge einer ähnlich improvisierten Setlist und zwei Tage darauf konnte man in Leipzig auf offener Bühne (sowie heute auf YouTube) miterleben, wie Springsteen die passende Tonart für den – durch den Soundtrack des Tarantino-Films *Pulp Fiction* wieder bekannt gewordenen – Publikumswunsch »You Never Can Tell« von Chuck Berry mit der Band abstimmt.

Zur Erfüllung von Publikumswünschen gehören auch der Tanz mit einem weiblichen Fan während »Dancing in the Dark« – angeregt vom Musikvideo aus dem Jahr 1984, in dem Springsteen am Ende des Songs den späteren Serienstar Courtney Cox auf die Bühne holt. Seit der *Rising*-Tour lässt Springsteen zudem den Song »Waiting on a Sunny Day« von Kindern mitsingen, und am 25. April 2016 beeindruckte eine Zehnjährige den Künstler in Brooklyn, New York mit einem nahezu vollständigen Vortrag aller Zungenbrecher aus »Blinded By the Light«. Das ist ebenso auf YouTube mitzuverfolgen wie die Ekstase der Brüder Alex and Tommy

Flores, die am 5. Juni 2014 in Houston, Texas »No Surrender« mitsingen durften; dasselbe Glück ereilte am 9. September 2016 Matthew Aucoin in Philadelphia – demselben Ort, an dem Springsteen am 19. Oktober 2009 das Schild »Can the King sing with the Boss?« des Elvis-Imitators Nick Ferraro (»The Philly Elvis«) aus dem Publikum gefischt und mit diesem »All Shook Up« gesungen hatte. Und auch für Heiratsanträge und therapeutische Dialoge mit Fans ist diese Bühne bereits genutzt worden.

Die Kette der Beispiele ließe sich verlängern, und ich werde sie im fünften Kapitel noch einmal aufgreifen. Puristen unter den Fans lehnen die Beliebigkeit solcher Aktionen natürlich ab. Sie verdeutlichen aber die kollektivbildende Eigendynamik, die Springsteens Einbezug des Publikums in den 2000er Jahren entwickelt hat. Zugleich lassen sich im selben Zeitraum, wie schon im Fall von Springsteens Anschlüssen an musikalische Traditionen, Bruchlinien innerhalb des Versuchs beobachten, Konzerte als ein Miteinander von Künstler und Publikum zu konzipieren. Sie wurden das erste Mal sichtbar, als die Band am 4. Juni 1999 in Atlanta einen neuen Song spielte, »American Skin« mit dem vielsagenden Untertitel »41 Shots«. Er war Amadou Diallo gewidmet, einem 24-jährigen Guineer, der am 4. Februar 1999 unbewaffnet von vier Zivilbeamten des New York Police Department erschossen worden war. Nachdem das Publikum in Atlanta Springsteens Parteinahme für das Opfer noch bejubelt hatte, kam es im Vorfeld der zehn Auftritte im New Yorker Madison Square Garden, mit denen die *Reunion*-Tour zu Ende ging, zu Boykottaufrufen der Konzerte durch die Polizeigewerkschaft. Springsteen trug den Song nichtsdestotrotz und zum Teil unter Buh-Rufen dennoch an allen zehn Abenden vor und traf nach einer Show auch Diallos Eltern (Carlin 2012, 401-406).

Ähnliche Gräben taten sich auf, als Springsteen am 2. März 2003 angesichts des drohenden Einmarschs der USA in den Irak eine Show in Austin mit seinem Cover von »War« eröffnete und fünf Tage darauf in Atlantic City nach dem Song »Empty Sky« auf das gelegentliche zustimmende Johlen von Fans nach der Songzeile »I want an eye for an eye« einging:

> As a songwriter, you always write to be understood. And I wrote that phrase as an expression of the character's anger and confusion and grief. It was never written as a call for blind revenge or bloodlust. So, I just thought, given the times we live in, you can't be too clear about these kinds of things these days. And I realized there could have been an ill-meaning few or perhaps borderline psychotics out there who may have misunderstood. Living in a time when there's real lives on the line and there is enough destructive posing going on out there as it is, I wanted to make sure that that line was clearly understood.

Das ist autoritär und belehrend formuliert – aber auch Ausdruck einer großen Ernsthaftigkeit. Die Bezeichnung »borderline psychotics« ist allerdings eine harsche Abgrenzung gegenüber einer Fangruppierung, mit der Springsteen seit der *Born in the U.S.A.*-Tour in Konflikt steht: Der Titelsong dieses Albums war vom damaligen US-Präsidenten Ronald Reagan gezielt als patriotische Hymne missverstanden und von konservativen Konzertbesuchern zum Teil so sehr gefeiert worden, dass Springsteen »Born in the U.S.A.« dortselbst heute kaum noch spielt. Wie Steven Hyden in seinem Buch zum vierzigsten Jahrestag der Veröffentlichung des Albums *Born in the U.S.A.* argumentiert, liegt das aber auch daran, dass das Gesellschaftsmodell, für das dieses Album gestanden hatte – Musik für alle Seiten des politischen Spektrums zu machen – endgültig der Vergangenheit anzugehören scheint:

> In the present moment, where political polarization reigns, a meeting place in the middle for »everyone« doesn't seem like a dream people want anymore. The middle is gone, which means the space for an album like *Born in the U.S.A.* is also gone. (Hyden 2024, xiii)

Diese Polarisierung und Spaltung zeigte sich bereits 2004, als Springsteen gemeinsam mit REM, Pearl Jam, der Dave Matthews Band und anderen als Teil der *Vote for Change*-Tour für den demokratischen Präsidentschaftskandidaten John Kerry warb. Auch hier fühlten sich republikanische Anhänger von ihrem Idol verraten, und die New Yorker Senatskandidatin Marilyn O'Grady schaltete im TV-Sender Fox News eine Anzeige folgenden Inhalts:

> Bruce Springsteen is doing a concert tour to dump President Bush. What's new? Springsteen criticized Reagan, bashed the New York police and said Bush should be impeached. He thinks making millions with a song-and-dance routine allows him to tell you how to vote. Here's my vote: Boycott the Boss. If you don't buy his politics, don't buy his music. (Devenish 2004)

In solchen Aussagen manifestieren sich deutlich die Grenzen von Springsteens Konzept, seine Konzerte als gemeinschaftsstiftende Erlebnisse zu gestalten: Der Versuch, ein Massenpublikum als Einheit anzusprechen, muss die Differenzen herunterspielen, die ein solches Kollektiv durchziehen. Der Zug, in den Springsteen am Ende seiner Konzerte der

Reunion-Tour im Song »Land of Hope and Dreams« alle zur Mitfahrt einlud, ist, weil er der Utopie einer Inklusion aller folgt, nicht homogen besetzt. Und auch wenn Springsteen sich lange neutral gab und in Interviews verschiedentlich artikulierte, seine Musik enthalte eine Botschaft für das gesamte politische Spektrum seines Publikums, hat er sich in den 2000er Jahren eindeutig auf die Seite der Demokraten geschlagen und dadurch viele Feinde gemacht.

Das im ersten Kapitel erwähnte Ticket-Fiasko 2022 hat aber auch auf der anderen Seite des politischen Spektrums zu Verwerfungen geführt, schien es doch Springsteens Versprechen, den Ungleichheiten der kapitalistischen Gesellschaft ein egalitäres Modell entgegenzuhalten, Lügen zu strafen. Und so stehe auch ich im Pit von Philadelphia und spüre beides: den statischen Charakter einer überteuerten Show, die größere Distanz zwischen Springsteen und seinem Publikum, aber zugleich auch die unbändige Lust aller um mich herum, zu »Rosalita« mitzutanzen, während Bruce und Stevie sich auf der vorgelagerten Minibühne im Kreis drehen.

Und wenn es so ist, dass man beides gleichzeitig spüren kann und das Erlebnis eines unmittelbaren Austauschs das Wissen um dessen Inszeniertheit und die Distanz angesichts jüngerer Entwicklungen nicht ausschließt, dann könnte man die fehlende Spontaneität auf der Tour 2023 auch als Geste der Ehrlichkeit betrachten, die die bislang so überwältigend wirkungsvolle Unehrlichkeit aller bisherigen springsteenschen Zaubertricks offenlegt. Der »Brief«, den Springsteen den Fans mit dem letzten Album und der letzten Tour der E Street Band zustellt, könnte dann als eine Form der Aufrichtigkeit und Authentizität gelesen werden, die darin besteht, dass sie die Unmöglichkeit beider benennt. Oder wie

Springsteen die Kommunikation mit seinem Publikum in seiner Autobiographie selbst resümiert:

> The show provided me the illusion of intimacy without risks or consequences. During the show, as good as it is, as real as the emotions called upon are, as physically moving and as hopefully inspirational as I work to make it, it's fiction, theatre, a creation; it isn't reality … And at the end of the day, life trumps art … always. (Springsteen 2016, 273)

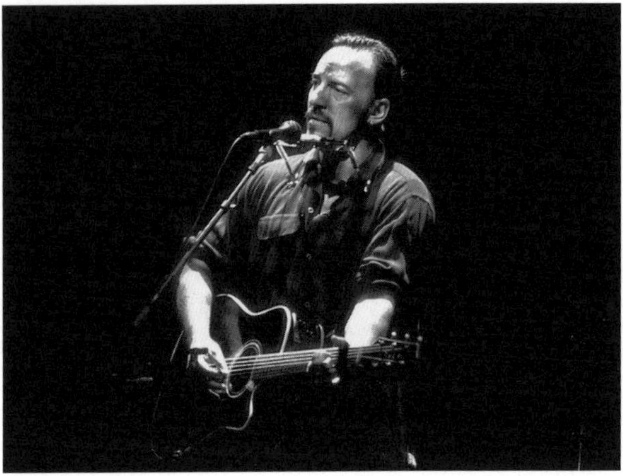

4 »A tale begins«
Geschichten erzählen

Paris, 13. Mai 2023. Inzwischen tourt die Band seit zwei Wochen durch Europa, beginnend mit zwei Konzerten in Barcelona und dreien in Dublin, in deren Vorfeld Springsteen das etwas westlich gelegene Städtchen Rathangan im County Kildare besucht, aus dem der irische Teil seiner Familie stammt. In den sozialen Medien tauchen Videoclips auf, die zeigen, wie er im Dorfpub mit den Anwohnern seinen Song »My Hometown« anstimmt, sowie – gegenüber dieser spontan wirkenden Szene eher gestellt erscheinende – Photos eines Spaziergangs über den Dorffriedhof. Springsteen gibt sich auch hier als derjenige »Local Hero«, den er 1992 auf seinem Album *Lucky Town*, aber auch zur Eröffnung der letzten Show in den USA vor der Europatour am 14. April in seinem Heimatstaat New Jersey, besungen hat.

Abgesehen von diesem Versuch, auch in der alten Welt Zugehörigkeit zu signalisieren, fallen aber vor allem Unterschiede zu den Konzerten in den USA ins Auge: Die Fans beginnen in Paris schon drei Tage vor der Show mit dem *roll call* vor der Halle. Auch hier wird er wieder von *Åsa* organisiert, die während der Tour nicht nur ihr Osloer Modegeschäft, sondern auch den Ticketnachschub von ihren Mitarbeiterinnen managen lässt. In Europa ist das Verfahren fest etabliert und wird von den Sicherheitskräften an der Halle als Unterstützung ihrer Arbeit begrüßt. Viele Besucherinnen und Besucher sind aus den umliegenden Ländern angereist, und die Stimmung im wesentlich größeren Pit vor der Bühne ist merklich belebter als in den USA. Und auch Springsteen selbst wirkt entspannter – breit grinsend und hier nun doch, trotz aller Corona-Vorsichtsmaßnahmen, nach den Händen greifend, die sich ihm entgegenstrecken und in die er großzügig Mundharmonikas und Gitarrenpicks als Souvenirs verteilt. Im Gegenzug hält eine Fangruppe gegen Ende der Show Schilder in unterschiedlichen Neonfarben mit der Aufschrift »Bruce! Please don't stop tonight!« hoch, und auch wenn die Band sich nicht an diese Aufforderung hält, wirkt das Konzert interaktiver als die Shows zu Beginn der Tour.

Die auffälligste Änderung der Konzerte in Barcelona und Paris gegenüber den USA ist aber die riesige Videoleinwand hinter der Bühne, auf die nicht nur die Bilder des Auftritts projiziert werden, sondern bei den drei neuen Songs »Letter to You«, »Last Man Standing« und »I'll See You In My Dreams« sowie der im vorherigen Kapitel angesprochenen Einleitung zu »Last Man Standing«, in der Springsteen vom Tod seines ältesten Bandkollegen George Theiss erzählt, auch Übersetzungen der Texte ins Katalanische bzw. Französische.

Diese Maßnahme unterstreicht, dass die drei untertitelten Lieder zu Beginn, in der Mitte und am Ende des Konzerts den Schwerpunkt der Show bilden und dass es Springsteen wichtig scheint, die mit der Erzählung seiner musikalischen Anfänge verbundenen Themen zu vermitteln. Dafür spricht auch, dass die übrigen in Paris gespielten Songs nicht einfach als Abfolge der beliebtesten Hits angeordnet sind, sondern die ebenfalls bereits angesprochenen Verbindungslinien zwischen älteren Songs wie »Backstreets« oder »No Surrender« und Cover wie »Nightshift« und dem neuen Album *Letter to You* erkennen lassen: Sie handeln von Jugendfreundschaften, gemeinsamen Träumen vom Musikmachen, Vorbildern auf diesem Weg und vor allem von der Tatsache, dass all dies inzwischen der Vergangenheit angehört. »One Minute you're here, next minute you're gone«, heißt es im Auftaktstück zu *Letter to You,* und mit Beschwörungen der »Ghosts« der mittlerweile verstorbenen Weggefährten und dem elegischen »I'll See You in My Dreams« schließt es.

Auf diese Weise entsteht der Eindruck, dass nicht nur Springsteens kurze Ansprache vor »Last Man Standing«, sondern auch das gesamte Konzert sowie das ihm zugrunde liegende Album eine Geschichte erzählen – die Geschichte vom Anfang, aber auch vom absehbaren Ende einer über fünfzig Jahre währenden musikalischen Laufbahn, die in Teilen auch zur Geschichte des Publikums geworden ist, das diese Laufbahn verfolgt und begleitet hat. Und insofern die Lieder auf *Letter to You* davon erzählen, ist auch die Aufnahme von drei bislang unveröffentlichten Songs aus Springsteens Frühphase als Songwriter – »Janey Needs a Shooter«, »If I Were the Priest« und »Songs for Orphans« – auf *Letter To You* Teil dieser Geschichte bzw. genauer: deren musikalische Illustration. In ihrer Besprechung von *Letter to You* in der *New York Times* zitiert Lindsay Zoladz Springsteen entsprechend:

> The record is the first record that I've made where the subject is the music itself ... It's about popular music. It's about being in a rock band, over the course of time. And it's also a direct conversation between me and my fans, at a level that I think they've come to expect over the years. (Zoladz 2020)

Die Geschichte, die *Letter to You* erzählt, ist also ausdrücklich Teil des Versuchs, Popmusik als Kommunikation zu gestalten. Um diese Rolle des Geschichtenerzählens in Springsteens »lifetime conversation with my audience« soll es nun gehen: Indem in Songs, in ihrer Anordnung auf einem Album oder in Ansprachen zwischen ihnen während einer Show konkrete

Szenen, Charaktere und Konflikte entwickelt werden, bieten sie dem Publikum Bezugspunkte und Projektionsflächen für eigene Lebenserfahrungen und Emotionen.

In diesen Zusammenhang gehört auch Springsteens Deutung des Albumcovers von *Born to Run*, die ich im zweiten Kapitel zitiert habe: Faltet man es auf, dann wird das Bild von Springsteen auf der Vorderseite ergänzt durch die Abbildung von Clarence Clemons auf der Rückseite, »and a tale begins« (Springsteen 2016, 242; vgl. ebd., 220 f.). Und tatsächlich ist *Born to Run* ein Beispiel für ein Album, dessen Songs die »unified story« einer »musical novel« bilden (Carlin 2012, 195), ohne dass sich daraus die Geschlossenheit und Programmatik eines Konzeptalbums ergäbe. *Born to Run* erzählt die Geschichte der Fahrt durch eine Sommernacht, zu der der erste Song, »Thunder Road«, nicht nur die angesprochene Mary einlädt, sondern alle Zuhörerinnen und Zuhörer:

> Don't run back inside
> Darling you know just what I'm here for
> So you're scared and you're thinking
> That maybe we ain't that young anymore
> Show a little faith, there's magic in the night [...]
>
> You can hide 'neath your covers
> And study your pain
> Make crosses from your lovers
> Throw roses in the rain
> Waste your summer praying in vain
> For a savior to rise from these streets [...]
>
> We got one last chance to make it real
> To trade in these wings on some wheels

Climb in back
Heaven's waiting down on the tracks [...]

Schon hier stehen dem Glauben an den Zauber der Nacht die Vergänglichkeit der Jugend und der Umschlag hochfliegender Träume (»wings«) in die pragmatische Wirklichkeit (»wheels«) gegenüber. Dennoch schließt das Lied mit dem emphatischen Ausruf »So Mary climb in / It's a town full of losers / And I'm pulling out of here to win« und einer Saxophon-Coda, die zum Mitreißendsten gehört, was Springsteen je geschrieben hat – und danach geht es tatsächlich auf in die Nacht, die in »Tenth Avenue Freeze-Out« Schauplatz der Gründung der Band, in »Night« Zufluchtsort vor den Fesseln des Arbeitsalltags und in »Backstreets« Metapher für den Tiefpunkt einer Freundschaft ist, die nicht mehr auf eine Straße des Donners führt, sondern in diejenigen Hinterhöfe, deren Ausweglosigkeit das Gegeneinander von Roy Bittans wuchtiger Klavierbegleitung und Springsteens Gitarrenlinien unerbittlich evoziert:

Remember all the movies, Terry
We'd go see
Trying to learn how to walk like the heroes
We thought we had to be
Well after all this time
To find we're just like all the rest
Stranded in the park
And forced to confess
To hiding on the backstreets

Die zweite Seite des Albums greift beginnend mit »Born to Run« und seinem markanten Saxophonsolo und emphatischen Schlusschor das Ausbruchsmotiv von »Thunder Road« auf, aber der Bruch im Bild der romantisch-rebellischen Nachtfahrt ist hier schon nicht mehr zu überhören:

> Together, Wendy, we can live with the sadness
> I'll love you with all the madness in my soul
> Someday girl, I don't know when, we're gonna get to
> that place
> Where we really want to go
> And we'll walk in the sun
> But till than tramps like us
> Baby we were born to run

Von dem Bo Diddley-Rhythmus der Sommernachtsromanze »She's the One« und der nur von Klavier und Trompete begleiteten Jazzballade »Meeting Accross the River« über den Traum zweier Kleingangster vom großen nächtlichen Coup mündet diese Fahrt in den frühen Morgenstunden in eine Verfolgungsjagd im Großstadtdschungel, denen nicht nur ein junges Aussteigerpaar zum Opfer fällt, sondern auch jede Vorstellung, mit den Mitteln der Poesie und des Rock'n'Roll eine weniger harsche Welt zu erschaffen. Folgerichtig endet *Born to Run* mit dem wortlosen Klagegesang der Coda zu »Jungleland« nach den Versen:

> Outside the street's on fire
> In a real death waltz
> Between what's flesh and what's fantasy
> And the poets down here
> Don't write nothing at all
> They just stand back and let it all be
> And in the quick of the night

They reach for their moment
And try to make an honest stand
But they wind up wounded
Not even dead
Tonight in Jungleland

Springsteens weitere Alben weisen einen vergleichbaren erzählerischen Bogen auf: So ist auch *Darkness on the Edge of Town* vom Motiv nächtlicher Autofahrten geprägt, die in Songs wie »Something in the Night«, »Racing in the Street« oder »Streets of Fire« aber ziellos bleiben und im Titelsong desillusioniert enden, wenn Springsteen zu einem gegenüber der opernhaften Wucht und Breite von *Born to Run* kargen und harschen Arrangement singt:

Tonight I'll be on that hill 'cause I can't stop
I'll be on that hill with everything I got
Lives on the line where dreams are found and lost
I'll be there on time and I'll pay the cost
For wanting things that can only be found
In the darkness on the edge of town

Und doch vermitteln Erzählzusammenhang und Klangbild des Albums nicht nur Resignation. Der Nüchternheit, mit der Springsteen die Feindseligkeit von Gesellschaftsstrukturen und das Trügerische aller Versprechen eines besseren Lebens besingt, eignet auch Eindeutigkeit und Klarheit sowie eine nicht zuletzt in den das Album dominierenden beißenden Gitarren- und dröhnenden Schlagzeugklängen zum Ausdruck gebrachte wütende Selbstermächtigung: »Blow away the dreams that break your heart / Blow away the lies that leave you nothing but lost and brokenhearted«, singt Springsteen in »Promised Land«, und das Auftaktstück »Badlands«, das die Gesellschaft der 1970er Jahre als Wüstenei metaphorisiert, schließt mit einer unversöhnlichen, gerade dadurch aber identifikatorisch rezipierbaren Widmung:

For the ones who had a notion,
A notion deep inside,
That it ain't no sin to be glad you're alive
I wanna find one face that ain't looking through me
I wanna to find one place
I wanna spit in the face of these badlands

Auch für Springsteens Alben der frühen 1980er Jahre wie für seine Veröffentlichungen ab 2002, auf die zurückzukommen sein wird, lassen sich solche Zusammenhänge nachweisen. Vor allem aber kommt es mit »The River« von 1980 zu demjenigen »breakthrough for my writing« (Springsteen 2016, 278), der in Springsteens Anschluss an die Singer-Songwriter-Tradition der amerikanischen Folk-Musik besteht. Im Stil mündlich tradierter Volksballaden und begleitet von einem schlichten musikalischen Arrangement, das den Text in den Vordergrund rückt, erzählen solche Songs Geschichten ›von unten‹ mit zum Teil tragikomischen Pointen – aus Kriegen oder ökonomischen Krisenzeiten, von kleinen Verbrechen oder Familienschicksalen – und gewinnen Intensität und Dichte durch ihre einfache Form.

Für Springsteens Durchbruch zum Geschichtenerzähler lässt sich noch ein weiterer Aspekt dieser *storytelling*-Tradition benennen: die Konkretion der Charaktere. Während Mary, Terry und Wendy auf *Born to Run* oder die namenlosen Protagonistinnen auf *Darkness on the Edge of Town* für allgemeine Konzepte wie Hoffnung oder Verzweiflung stehen, tritt in »The River« die Perspektive der Personen selbst in den Vordergrund:

I come from down in the valley
Where mister, when you're young
They bring you up to do like your daddy done
Me and Mary we met in High School
When she was just seventeen
We'd drive out of that valley down to where the fields
  were green

We went down to the river
And into the river we'd dive
Oh down to the river we'd ride

Then I got Mary pregnant
And, man, that was all she wrote
And for my 19th birthday I got a Union Card and a
  wedding coat
We went down to the courthouse
And the judge put it all to rest
No wedding day smiles, no walk down the aisle
No flowers, no wedding dress

That night we went down to the river …

Dass hier jemand erzählt, macht die eigentümliche Ansprache »Mister« in der zweiten Zeile deutlich – sie wird, abwechselnd mit der Form »Sir«, in vielen Springsteen-Geschichten wiederkehren. Es existiert also ein unsichtbarer Zuhörer, an den die Erzählung gerichtet ist und mit dem sich womöglich die Hoffnung verbindet, er könne das ihm Dargebotene verstehen, erklären, beurteilen, vielleicht auch verzeihen. In jedem Fall ist die Erzählung auf diese Weise eingebunden in eine Gesprächssituation und die Geschichte also nicht nur eine biographische Erinnerung, sondern auch ein Kommunikations- und Verständigungsversuch: Hier versucht jemand zu begreifen, auf welche Weise ein Leben trotz aller Wünsche und Hoffnungen, für die die Metapher des Flusses steht, in derjenigen Enge und Vorgebahntheit verharren musste, die das Tal symbolisiert, durch das dieser Fluss fließt. Und mit der Erwartung, das eigene Leben so zu leben wie die vorherige Generation, und dem Gefühl, die eigenen Träume zu verleugnen, wenn man diese Erwartung erfüllt, artikuliert Springsteen Erfahrungen, in denen man sich als Zuhörerin und Zuhörer unschwer wiedererkennen kann:

> Now all them things that seemed so important
> Well, mister they vanished right into the air
> Now I just act like I don't remember
> Mary acts like she don't care [...]
>
> Now those memories come back to haunt me
> They haunt me like a curse
> Is a dream a lie if it don't come true
> Or is it something worse that sends me
> Down to the river though I know the river is dry

Dieses Wiedererkennen muss nicht so weit gehen wie im Fall von Springsteens Schwester Virginia, deren Geschichte »The River« zugrunde liegt und die im Publikum war, als ihr Bruder das Lied am 22. September 1979 beim *No Nukes*-Konzert in New York das erste Mal spielte: »[E]very bit of it was true [...]. And here I am [in the audience], completely exposed.«

(Carlin 2012, 272; vgl. Springsteen 2016, 279) Aber das Lied gehört zu denjenigen, auf das Springsteen-Fans besonders emotional reagieren, und so ist die Rührung auch im Villa Park in Birmingham mit Händen zu greifen, als das Intro des Stücks am 16. Juni zum ersten Mal auf der Tour 2023 erklingt. Springsteen reagiert unmittelbar darauf und überlässt die erste Strophe den singenden Fans. Solche Momente kennt man von zahlreichen Springsteen-Konzerten, und sie werden von der besonderen Darbietungsweise der Geschichten in seinen Songs ermöglicht und befördert, wie Springsteen dies in einem Interview von 1999 auch selbst beschreibt:

> The writer collects and creates those moments from out of his own experience and the world that he sees around him. Then you use your imagination and put those things together, and you present that experience to your audience, who then experience their own inner vitality, their own centre, their own questions about their own life, and their moral life. Whatever you're writing about, there's a connection made. That's what you're paid for – somebody says, »Hey, I'm not alone.« (Phillips/Masur 2013, 256)

Die Geschichte, die »The River« erzählt, wirkt mit anderen Worten deshalb so kommunikativ, weil sie nicht von einer isolierten Erfahrung handelt, sondern auf eine Verbindung zu einem Publikum zielt, das sich angesprochen, gemeint und gesehen fühlen kann. Diese Verbindungen beziehen sich aber nicht nur auf biographische Überschneidungen zwischen Mary, Virginia und den Zuhörerinnen und Zuhörern in Birmingham und anderswo. Der Eindruck, dass die Reichweite der Geschichte über das unmittelbar Erzählte hinausweist, ist auch darin begründet, dass sich das Lied nicht nur aus konkreten Lebenskrisen und -erfahrungen speist, sondern überdies aus einer musikalischen Tradition, wie sie Gegenstand des zweiten Kapitels gewesen ist. So lässt sich das harsche Bild eines ausgetrockneten Flusses unmittelbar auf Hank Williams »Lone Gone Lonesome Blues« von 1950 beziehen, das die symbolische Dimension dieses Bilds für ein desillusioniertes Leben noch weiter treibt:

> I went down to the river to watch the fish swim by
> But I got to the river so lonesome I wanted to die, Oh Lord!
> And then I jumped in the river, but the doggone river was dry
> She's long gone and now I'm lonesome blue [...]
>
> I'm gonna find me a river, one that's cold as ice
> And when I find me that river, Lord I'm gonna pay the price, Oh Lord!
> I'm going down in it three times, but Lord I'm only coming up twice
> She's long gone, and now I'm lonesome blue

Neben solchen musikalischen Traditionen ist die Erzählstimme von »The River« außerdem an der Tradition der amerikanischen Short Story geschult. So hatte sich Springsteen Ende der 1970er Jahre intensiv mit Flannery O'Connor (1925-1964) beschäftigt, deren düster-lakonische Romane und Erzählungen die Abgründe der rassistisch und katholisch geprägten Welt der Südstaaten erahnen lassen (Streight 2008; vgl. Cohen/Sawyers 2019, 135-142). Eine von O'Connors Kurzgeschichten trägt den Titel »The River« (O'Connor 1955, 25-50) und handelt von einem vernachlässigten Jungen, der nach seiner Taufe im Fluss dem Prediger Glauben schenkt, als dieser ihm sagt, er sei nun zu einer Person geworden, die ›zähle‹. Als er jedoch zu Hause weiter missachtet und misshandelt wird, kehrt er zum Fluss zurück und ertrinkt beim Versuch, den Akt der Taufe an sich selbst zu wiederholen – eine dunkle Parabel auf die Leere der Versprechen, die Glaube und Hoffnung geben, und damit auch eine Antwort auf die Frage aus Springsteens »The River«, ob ein unerfüllter Traum schlimmer sei als eine Lüge.

Dieselbe Kollision von Hoffnung und Enttäuschung im Bild des Flusses greift Springsteen auf seinem Folgealbum *Nebraska* auf, und zwar im letzten Song »Reason to Believe«:

Take a baby to the river Kyle William they called him
Wash the baby in the water take away little Kyle's sin
In a whitewash shotgun shack an old man passes away
Take the body to the graveyard and over him they pray
Lord won't you tell us, tell us what does it mean
At the end of every hard earned day people find some reason to believe

Congregation gathers down by the riverside
Preacher stands with his bible, groom stands waitin' for his bride
Congregation gone and the sun sets behind a weepin' willow tree
Groom stands alone and watches the river rush on so effortlessly
Wonderin' where can his baby be
Still at the end of every hard earned day people find some reason to believe

Nebraska ist aber auch insgesamt das Album, auf dem Springsteen seinen neu gefundenen Erzählton und die von seiner O'Connor-Lektüre geprägten Szenarien perfektioniert – und zwar im Modus einer Perfektion, die das Pathos seiner früheren Liedtexte wie auch den »Wall of Sound«, der dieses Pathos transportiert hatte, nahezu vollständig zurücknimmt:

> The ghosts of *Nebraska* were drawn from many sojourn into the small-town streets I'd grown up on. My family, Dylan, Woody, Hank, the American gothic short stories of Flannery O'Connor, the noir novels of James M. Cain, the quiet violence of the films of Terrence Malick and the decayed fable of director Charles Laughton's *The Night of the Hunter* all guided my imagination. (Springsteen 2016, 298; vgl. Rolling Stone 1996, 156)

Insbesondere Terrence Malicks Film *Badlands* von 1973 über den Serienmörder Charles Starkweather mit dem jungen Martin Sheen in der Titelrolle hatte Springsteen nicht nur bereits vier Jahre zuvor den Titel für den Auftaktsong seines *Darkness*-Albums entlehnt, sondern auch die zentrale Anregung für den Titelsong seines akustischen Soloalbums: Starkweather stammte aus Lincoln, Nebraska, tötete 1958 in Begleitung seiner Freundin Caril Ann Fugate zehn Menschen, darunter deren gesamte Familie, und wurde 1959 hingerichtet. Springsteen recherchierte für seine Version des Falls Artikel aus der Lincolner Lokalzeitung und sprach mit deren Autorin, die immer noch in derselben Redaktion tätig war. Zugleich zog er für seinen Song aber auch die Eingangseinstellung aus dem Film von Mallick heran:

I saw her standin' on her front lawn just twirlin' her batons
Me and her went on a ride sir and ten innocent people died

From the town of Lincoln, Nebraska with a sawed-off .410 on my lap
Through to the badlands of Wyoming I killed everything in my path

Der Song »Nebraska« stellt nicht nur die Frage nach dem Bösen in der Welt, er schockiert vor allem, weil die Erzählstimme die Perspektive eines Serienmörders ohne Reuegefühle wählt: »At least for a little while sir me and her we had us some fun«. In der Sprechsituation von »Nebraska« kann dieses »Sir« nun direkt auf den Richter bezogen werden, der Starkweather zu einer Aussage auffordert, und die Geschichte, die Springsteens Song erzählt, wäre dann nichts anderes als ebendiese Aussage eines Serienmörders vor Gericht. Noch deutlicher wird dies in einem zweiten Song auf *Nebraska*, in dem es um die Todesstrafe geht, »Johnny 99«:

Now judge I got debts no honest man could pay
The bank was holdin' my mortgage and they was takin' my house away
Now I ain't sayin' that makes me an innocent man
But it was more'n all this that put that gun in my hand

Well your honor I do believe I'd be better off dead
And if you can take a man's life for the thoughts that's in his head

Then won't you sit back in that chair and think it over
judge one more time
And let'em shave off my hair and put me on that
execution line

Sprechsituation, Slang und Selbstverurteilung hat Springsteen dabei kaum überhörbar aus Bessie Smiths »Send Me to the 'Lectric Chair« von 1927 übernommen, in dem es heißt:

Judge, judge, please mister judge,
Send me to the 'lectric chair
Judge, judge, good mister judge,
Let me go away from here

Neben der inhaltlichen Auseinandersetzung mit menschlichen Abgründen faszinierte Springsteen der erzählerische Reduktionismus von O'Connors Kurzgeschichten und solcher Songs: Sie kennen keinen übergeordneten Erzähler, der die beschriebenen Ereignisse erklären und damit einem versöhnlichen Sinn zuführen würde, sondern präsentieren die Ereignisse in all ihrer Unerklärlichkeit aus der Figurenperspektive durch minimalistische Beschreibungen und Dialoge. Mit *Nebraska* waren daher die surrealistischen Wortkaskaden aus Springsteens Frühwerk wie auch die mitunter programmatischen Botschaften seiner Songs Geschichte.

Besonders gut lässt sich die Bedeutung von O'Connors Erzählen für Springsteens Songwriting an einer Kurzgeschichte nachvollziehen, der er den Titel für einen (allerdings erst 1998 auf der Outtakes-Kompilation *Tracks* veröffentlichten) Song entliehen hat: »A Good Man is Hard to Find«. Diese Geschichte erzählt von einer Familie, die auf dem Weg in die Ferien einen Autounfall hat und im Straßengraben von einer aus dem Gefängnis ausgebrochenen Gruppe angetroffen wird, deren Anführer sich »The Misfit« nennt. Während dieser eine höfliche Konversation mit der Großmutter führt, lässt er seine Komplizen die übrige Familie im nahe gelegenen Wald erschießen, bevor er selbst die Großmutter tötet. Dieser fatale Ausgang wird mehrfach antizipiert – in der Feststellung nach dem Unfall »But nobody's killed«, in dem »big black battered hearse-like automobile« der Verbrecher und in der Frage des Sohns an einen der Gangster: »What you got that gun for?« (O'Connor 1955, 12-14). Und auch die Großmutter ahnt ihr Schicksal, als sie die Schüsse im Wald hört, und appelliert an den »Misfit«, dass auch er noch »a good man« werden könne, wenn er sich nur an Jesus wendete:

> »Jesus was the only One that ever raised the dead,« The Misfit continued, »and He shouldn't have done it. He thown everything off balance. If He did what He said, then it's nothing for you to do but thow away everything and follow Him, and if He didn't, then it's nothing for you to do but enjoy the few minutes you got left the best way you can – by killing somebody or burning down his house or doing some other meanness to him. No pleasure but meanness«, he said and his voice had become almost a snarl. (Ebd., 20 f.)

Das ist derselbe lakonische Desperado-Ton, der bei Springsteen die Geschichte des Charles Starkweather prägt – bis hinein in die Wahl von Worten wie »unfit« und »meanness«:

> They declared me unfit to live said into that great void
> my soul'd be hurled
> They wanted to know why I did what I did
> Well sir I guess there's just a meanness in this world

Andere Songs auf *Nebraska* sind nicht von bereits existierenden Filmen und Texten inspiriert, sondern Kurzgeschichten eigenen Rechts, die ihrerseits Grundlage für Drehbücher sein können – so geschehen im Fall von Sean Penns *Indian Runner* von 1991, der auf dem Song »Highway Patrolman« beruht, in dem dasselbe Geschehen in fünfeinhalb Minuten präsentiert wird. Erzähler dieser von Springsteen zu spärlicher Gitarrenbegleitung und fast im Flüsterton vorgetragenen Geschichte ist der titelgebende Polizist Joe Roberts, dessen Bemühen, ein anständiges Leben zu führen, ins Schwanken kommt, weil sein Bruder Franky »no good« ist:

> Now ever since we was young kids it's been the same
> come down
> I get a call on the radio Franky's in trouble downtown
> Well if it was any other man, I'd put him straight away
> But when it's your brother sometimes you look the
> other way
>
> Me and Franky laughin' and drinkin' nothin' feels better
> than blood on blood
> Takin' turns dancin' with Maria as the band played
> »Night of the Johnstown Flood«
> I catch him when he's strayin' like any brother would
> Man turns his back on his family well he just ain't no
> good

Auch hier geht es wieder um die Schwierigkeit, einen »good man« zu finden, und zwar mit Blick auf beide Brüder: Joe Roberts ist zwar ein Ordnungshüter, der von sich angibt: »I always done an honest job«, aber zugleich einer, der Familienbande höher wertet als Recht und Gesetz, wenn er seinen kriminellen Bruder immer wieder verschont. Dieser Konflikt verschärft sich angesichts der wirtschaftlichen und gesellschaftspolitischen Krisen der Zeit:

> Well Franky went in the army back in 1965
> I got a farm deferment settled down took Maria for my wife
> But them wheat prices kept on droppin' till it was like we were gettin' robbed
> Franky came home in '68 and me I took this job

Man darf allerdings Joes Perspektive auf diese Zusammenhänge ebensowenig trauen wie der Idylle der Tanzszene im Refrain: Das Blut, das die Brüder verbindet, ist nicht nur das ihrer Verwandtschaft, sondern auch dasjenige, das an Franks Fingern klebt. Und Joe ist nicht nur der Rechtschaffene von beiden, sondern auch derjenige, der sich vom Kriegsdienst befreien lässt und heiratet, während sein Bruder in Vietnam Leben und Liebe riskiert. Ebensowenig ist das kinematographische Schlussbild des Songs ein Sieg der Brüderlichkeit allein. Denn am Ende lässt Joe seinen Bruder zwar an der kanadischen Grenze davonfahren, obwohl er ihn wegen Totschlags in einer Bar verfolgen und festnehmen müsste, er verliert ihn aber auch aus seinem Leben und so am Ende beides, Rechtschaffenheit und Familienbande:

> The night was like any other, I got a call 'bout a quarter to nine
> There was trouble in a roadhouse out on the Michigan line
> There was a kid lyin' on the floor lookin' bad, bleedin' hard from his head

There was a girl cryin' at a table, it was Frank they said
Well I went out and I jumped in my car and I hit the
lights
I must of done 110 through Michigan county that night

It was out at the crossroads down round Willow bank
Seen a Buick with Ohio plates behind the wheel was
Frank
Well I chased him through them county roads
Till a sign said Canadian border 5 miles from here
I pulled over the side of the highway and watched his
taillights disappear

Diese beiden Strophen legen Springsteens bemerkenswertes Talent offen, einerseits szenisch zu erzählen, dabei aber andererseits gerade nicht auf spektakuläre Szenen zu setzen, sondern entweder nur ein Bild des Schauplatzes nach den eigentlichen Ereignissen zu zeichnen oder das Erzähltempo derart zu drosseln, dass anstelle der Verfolgungsjagd der erzählerische Fokus nur auf dem Einsteigen ins Auto und dem Anschalten der Scheinwerfer liegt – sowie auf dem Verschwinden der Rücklichter von Franks Bruder in Richtung kanadische Grenze.

Der wichtigste Effekt eines solchen Erzählens, bei dem die Darstellung immer nur einen Ausschnitt des tatsächlich Geschehenen beleuchtet, besteht in der Offenheit der resultierenden Geschichte, die sowohl das Innenleben der Charaktere als auch die Antwort auf die der Erzählung zugrunde liegende moralische Frage betrifft. Es ist eine Offenheit, die zugleich auch den Höreindruck des behutsam nach der passenden Stimmlage suchenden Vortrags des Songs auf *Nebraska* prägt. Und tatsächlich erwächst die besondere Wirkung dieses Albums daraus, dass Springsteen durch die Entscheidung, seine ursprünglich nur als Demos für die Bandarrangements eines Rockalbums angefertigten Aufnahmen zu veröffentlichen, die Offenheit der Geschichten in einer dazu passenden unfertigen Form präsentiert. Dies legt auch Warren Zanes in seinem Buch über die Entstehungsgeschichte des Albums nahe:

> *Nebraska* was unfinished, imperfect, delivered into a world hovering at the threshold of the digital, when technology would allow recorded music to hang itself on perfect time, carry perfect pitch, but also risk losing its connection to the unfixed and unfixable. (Zanes 2023, 26)

Und folgt man Zanes weiter, dann liegt in dieser Offenheit und Unfertigkeit zugleich ein Appell an die Hörerinnen und Hörer des Albums, das Gehörte weiterzudenken, und also das kommunikative Potential der Geschichten, die Springsteens Lieder erzählen: »Maybe it's the record of Springsteen's that's the most collaborative with the listener. Unfinished.« (Ebd., 286) Und auch Springsteen selbst hat in einem Gespräch mit Phil Sutcliff von 2006 einen ähnlichen Zusammenhang zwischen der Interpretationsbedürftigkeit von Musik und der Verbindung, die auf diese Weise zwischen Künstler und Publikum entsteht, beobachtet:

> And so, with my audience, one of the things I've tried to do is retain the complexity of human experience. [...] That's where your freedom is and that's where your true dialogue, a deeper dialogue with your fans, can take place. (Phillips/Masur 2013, 313)

Dieser Ansatz bleibt prägend. Auch ein Song wie »Born in the U.S.A.«, der unmittelbar den *Nebraska*-Sessions entstammt, erzählt die Rückkehr eines Vietnamveteranen in eine Heimat, die keinen Ort mehr für ihn hat, in wenigen Versen und markiert das Trauma des Kriegs, indem an einer Stelle die eigentlich zur Strophe gehörende vierte Zeile stumm bleibt:

Had a brother at Khe San
Fighting of the VietCong
They're still there he's all gone
–

Ich werde im nächsten Kapitel darauf zurückkommen, welchen Anteil Springsteens Musik daran hatte, dass die Grauen des Vietnamkriegs in den 1980er Jahren langsam ins Bewusstsein der amerikanischen Öffentlichkeit drangen. Und dass ausgerechnet ein so dezibelstarker Song wie »Born in the U.S.A.« seine wichtigste Aussage im Schweigen trifft, ist bezeichnend und hat viel mit der besonderen Ästhetik der Geschichten auf *Nebraska* zu tun.

Springsteen hat deren Konzept noch einmal aufgegriffen, als er 1995 ein weiteres Soloprojekt veröffentlichte – *The Ghost of Tom Joad*, ein Album, auf dem Springsteen den Auftrag an die Popmusik, die Geschichten der Gescheiterten und Gestrandeten in Erinnerung zu halten, vollends beim Wort nahm und anstelle der introspektiven Perspektive auf *Nebraska* eine klare politische Botschaft formulierte: Nachdem er zu Beginn der 1990er Jahre nach Kalifornien gezogen war, adressierte er nun die Kehrseite seines Lebens als Rockstar in Hollywood und informierte sich einmal mehr in der lokalen Presse über die Hintergründe und Folgen von Migration, Drogenhandel, Obdachlosigkeit und Rassismus. Das Ergebnis waren zwölf Songs, die ein ebenso düsteres wie klares Bild dieser Verhältnisse zeichneten und hierzu den

Geist beschworen, den Springsteen der Verfilmung von John Steinbecks Roman *The Grapes of Wrath* durch John Ford aus dem Jahr 1940 entnahm – den Geist der Hauptfigur Tom Joad, der seiner Mutter verspricht, immer da zu sein, wo Menschen Unrecht geschieht:

> I'll be all around in the dark – I'll be everywhere ... I'll be in the way kids laugh when they're hungry and they know supper's ready, and when the people are eatin' the stuff they raise and livin' in the houses they build – I'll be there, too.

Im Titelstück des Albums heißt es entsprechend zum beschwörenden Ton von Springsteens Fingerpicking und Mundharmonikaklängen, die den Folk-Charakter der Musik unterstreichen:

> Now Tom said »Mom, wherever there's a cop beatin' a guy
> Wherever a hungry newborn baby cries
> Where there's a fight against the blood and hatred in the air
> Look for me Mom I'll be there
>
> Wherever there's somebody fightin' for a place to stand
> A decent job or a helping hand
> Wherever somebody's strugglin' to be free
> Look in their eyes Mom you'll see me.«

In diesem Geiste erzählt *The Ghost of Tom Joad* von einem Brüderpaar aus Mexiko, das Arbeit in einer Drogenküche im San Joaquin Valley findet, die in die Luft geht und einen der beiden tötet; von jugendlichen Migranten, die sich im Balboa Park von San Diego prostituieren; von der rassistischen

Diskriminierung vietnamesischer Geflüchteteter an der texanischen Golfküste oder auch von den verheerenden Folgen der Deindustrialisierung im mittleren Westen. Und wieder trägt Springsteen diese Geschichten zu einem musikalisch zurückgenommenen Arrangement und mit einer Stimme vor, die selbst von dem Leid des Erzählten gezeichnet scheint.

Eine dieser Geschichten hat er dabei gezielt als Komplementärgeschichte zu »Highway Patrolman« angelegt und – in Anspielung auf Johnny Cashs »I Walk the Line«, das auch im zweiten Refrain von »Highway Patrolman« anzitiert wird – »The Line« genannt. Dieser Titel bezieht sich auf die Grenze zwischen Mexiko und den USA, aber auch hier wieder auf eine »moral crossroad« (Hiatt 2019, 196), an der der Erzähler Carl steht: Da er als Grenzbeamter und Wiedergänger von Joe Roberts »good at doin' what I was told« ist, jagt er die Flüchtenden gemeinsam mit seinem mexikanischstämmigen Kollegen Bobby Ramirez Nacht für Nacht wieder über die Grenze nach Mexiko zurück. Als er aber einmal nach Feierabend selbst über diese Grenze fährt und in einer Bar in Tijuana die Mexikanerin Louisa kennenlernt, bietet er ihr und ihrer Familie Fluchthilfe an, während derer er aber von Bobby gestellt wird:

We were just about on the highway
When Bobby's jeep come up in the dust on my right
I pulled over and let my engine run
And stepped out into his lights
I felt myself movin'
Felt my gun restin' 'neath my hand
We stood there starin' at each other
As off through the arroyo she ran

Bobby Ramirez he never said nothin'
Six months later I left the line
I drifted to the central valley
And took what work that I could find
At night I searched the local bars
And the migrant towns
Lookin' for my Louisa
With the black hair fallin' down

Zwar hat »The Line« noch keinen Film inspiriert, aber die Szene ist wieder von hoher kinematographischer Intensität. Obwohl es diesmal der Erzähler selbst ist, der davonkommt, weil sein Kollege Dienstpflichten hinter ihre Freundschaft zurückstellt, deutet die letzte Strophe deutlicher noch als »Highway Patrolman« die Desorientierung an, die mit dem Verlust bisher geltender Strukturen und Koordinaten für ein Leben einhergeht.

Neben solchen poetischen Verdichtungen des Geschehens ist »The Line« aber wie schon »Nebraska« dokumentarischer Natur und gehört damit in die Tradition der *topical songs* der amerikanischen Folkmusik, die von Verbrechen, Unfällen oder politischem Unrecht erzählen – so z. B. das aus dem späten 19. Jahrhundert überlieferte Lied »Jesse James«, das auch Teil von Springsteens Aufnahmen mit der Sessions Band ist. Während diese Tradition, die bis zu Bob Dylan oder Randy Newman reicht, ihre Geschichten oft voller Wut, aber auch Witz präsentiert, sind Springsteens Blick und Ton resignativ und ironiefrei. Und während *topical songs,* vergleichbar mit dem Bänkelsang, auch als Nachrichtenquelle über die besungenen Personen und Ereignisse fungieren, basiert »The Line« selbst auf der Berichterstattung über die Migration an der Grenze zu Mexiko in der *Los Angeles Times.* Die Liedzeile »Hunger is a powerful thing«, mit der die Flüchtlingsströme in »The Line« begründet werden, entnimmt Springsteen z. B. wörtlich dem Artikel »Border Patrol Push Diverts Flow« des Journalisten Sebastian Rotella vom 17. Oktober 1994.

Aber auch dieser dokumentarische Anspruch bewahrt die kommunikative Ausrichtung von Springsteens Geschichten: *The Ghost of Tom Joad* ist nicht nur eine Anklage gegen die Verfehlungen der Innen- und Sozialpolitik der USA und ein markantes Bild des Niedergangs des amerikanischen Südwestens, in dem Familien in ihren Autos übernachten müssen (wie Springsteen auch schon 1984 in dem auf *Live 1975-85* enthaltenen Song »Seeds« gesungen hatte). Indem diese politische Dimension aber anhand persönlicher Konflikte entfaltet wird, kann man sich auch in den Charakteren von Liedern wie »The Line« wiederkennen – ein Effekt, den Springsteen im Gespräch mit Patrick Humphries 1999 als durchaus unheimlich bezeichnet:

> I've written in many, many different voices – of which a listener will say well that's obviously not literally your life. But I've experienced it from time to time, where someone will come up and very literally assume that you've written very specifically about yourself – or about *them*! That's the scary ones. (Phillips/Masur 2013, 269)

Nimmt man solche Reaktionen ernst, dann fungieren die Geschichten, die Springsteens Lieder erzählen, immer auch als Stellvertretergeschichten für dasjenige, was sein Publikum über sich selbst weiß, wofür es aber keine Worte oder eigene narrative Rahmen findet.

Es gibt daneben aber auch Geschichten, die Springsteen nicht aus einer fremden Perspektive und mit einer Rollenstimme singt, sondern zumindest vorgeblich aus seinem eigenen

Leben erzählt – so z. B., wenn er auf der Tour 2023 an George Theiss, den Sänger seiner ersten Band The Castiles, erinnert. Natürlich sind auch solche Geschichten für den jeweiligen Anlass entworfen und perspektiviert. Führt man sich aber vor Augen, welches Gewicht solchen Bühnenansprachen vor allem zu Beginn von Springsteens Karriere in den Konzerten zukommt, dann wird deutlich, wie sehr auch diese Erzählungen im Dienst des Versuchs stehen, in eine Verbindung zum Publikum zu treten, indem sich der Künstler auf der Bühne als Person mit einer eigenen Geschichte präsentiert: So erzählte Springsteen etwa, wie im dritten Kapitel angedeutet, immer wieder von den Auseinandersetzungen mit seinem Vater und dessen Versuchen, ihn zu einem »real man« zu erziehen, oder von seiner Angst vor der Musterung Ende der 1960er Jahre angesichts seiner Schulfreunde und Bandkollegen, die in Vietnam starben und denen er Ende der 1990er Jahre mit dem auf die Vietnam-Gedenkstätte in Washington verweisenden Song »The Wall« ein Denkmal gesetzt hat.

Die persönlichsten dieser Publikumsansprachen formulierte Springsteen aber wohl während zweier Solokonzerte für die im öffentlichen Interesse tätige Anwaltskanzlei Christic Institute am 16. und 17. November 1990 in Los Angeles. Springsteen war seit zwei Jahren nicht mehr aufgetreten, hatte keine neue Musik veröffentlicht, die E-Street Band aufgelöst, das zweite Mal geheiratet und war Vater geworden. In der Folge war er sichtlich nervös, als er auf die Bühne kam, hatte die Setlist aber so zusammengestellt, dass er zwischen den einzelnen Songs thematisch passend auf diese diversen Krisen eingehen konnte – darunter viele Stücke von *Nebraska,* die er noch nie live in ihrer ursprünglichen Fassung gespielt hatte. So erfuhr die Öffentlichkeit zum ersten Mal, dass er einen Psychiater konsultierte und wie viel die auffällige Häufung von Autos und Häusern in seinen Liedern mit den Verwerfungen und Traumata seiner Kindheit zu tun hat, die er vollends dann erst 2016 in seiner Autobiographie offenlegte. Das Lied »My Fathers House« von *Nebraska*, das von dem vergeblichen Versuch erzählt, die Gräben zwischen Vater und Sohn nach einem versöhnlichen Traum auch in der Wirklichkeit zu überbrücken, leitete er am ersten der beiden Abende mit folgender Geschichte ein:

> I had this habit for a long time, I used to get in my car and I would drive back through my old neighborhood, a little town I grew up in. And I would always drive past the little houses I used to live in ... and I got so I would do it really regularly, for years. And I eventually got to wonderin', what the hell am I doin'? And so, I went to see a psychiatrist – this is true! – and, I sat down and I said, »you know, doc, for years I've been getting in my car, and I drive back to my town and I pass my houses late at night and, you know, what am I doing?« [...] So he says, »well, what you're doing«, he says, »is that something bad happened, and, you know, you're going back, you know, thinkin' that you can make it right again. Something went wrong and you keep going back to see if you can fix it, and somehow make it right.« And I sat there and I said, »that is what I'm doing.« And he said, »well you can't.«

Auch dieser Erzählduktus ist, inklusive seiner für Springsteen typischen umgangssprachlichen Tonlage, unweigerlich Element einer Inszenierung und trotz, wenn nicht wegen, der (auf Lachen im Publikum reagierenden) Versicherung »this is true!« nicht mit tatsächlichen Geschehnissen zu verwechseln. Für den Anspruch, mittels solcher Geschichten in einen Austausch mit seinem Publikum zu treten, ist aber weniger ihr Wahrheitsgehalt maßgeblich, sondern die Geste, mit der darauf verwiesen wird, dass das nachfolgende Lied eine fiktionale Geschichte erzählt, die im Zusammenhang mit tatsächlich Erfahrenem gehört werden kann.

Aber auch wenn man all dies als Inszenierung durchschaut, bestand die Besonderheit der Christic-Shows darin, dass Springsteen gründlich mit seiner Bühnen-*persona* der 1980er Jahre aufräumte. Der »Boss« stand mit eine Mal als Zweifelnder und Suchender vor einem Publikum, von dem er nicht mehr wusste, ob es noch das seine sei und dem er auf diese Weise vermittelte, dass zumindest er nie der gewesen ist, für den es ihn so lange gehalten hatte. »But you don't really *know* me«, die im ersten Kapitel zitierte Replik auf den Zuruf »We love you!« (Rolling Stone 1996, 304) ist deshalb der Schlüsselsatz der beiden Shows – und der kleine Dialog bringt das gesamte Kommunikationsmodell zwischen Popstar und Fan auf den Punkt, insofern beides zugleich wahr ist: die Liebe des Publikums ebenso wie die Tatsache, dass Liebende und Geliebte einander bei all dieser Liebe nicht wirklich kennen können.

Zu dem neuen Licht, das Springsteen in den Geschichten der Christic-Shows auf seine Person (oder was man dafür hält) wirft, passt auch eine Traumerzählung, die er in seine Autobiographie aufgenommen hat. Auch sie kreist um das Verhältnis zu seinem Vater, verknüpft es aber auf besonders aufschlussreiche Weise mit Springsteens Bühnen-*persona*:

> One night I had a dream. I'm onstage in full flight, the night is burning and my dad, long dead, sits quietly in an aisle seat in the audience. Then … I'm kneeling next to him in the aisle, and for a moment, we both watch the man on fire onstage. I touch his forearm and say to my

> dad, who for so many years sat paralyzed by depression, »Look, Dad, look ... that guy onstage ... that's you ... that's how I see you.« (Springsteen 2016, 414)

All der physische Einsatz und all die emotionale Intensität von Springsteens Shows sind diesem Zitat zufolge seinem Vater gewidmet – um zu kompensieren, dass dieser aufgrund von materiellen Sorgen und Krankheit seine Energie und Lebensfreude nie hatte ausleben können. Dieser Bogen von den Geschichten aus Springsteens Soloauftritten von 1990 zu denjenigen in seiner Autobiographie lässt sich auch deshalb spannen, weil das ästhetische Konzept der Christic-Shows, Songs und Stories zu verbinden, die Grundlage von Springsteens Broadway-Show war, deren Textanteile wiederum auf seinen Erinnerungen in *Born to Run* basierten. Auch *Springsteen on Broadway* war eine hochgradig persönliche Show, die Springsteens Talent nicht nur als Unterhalter, sondern auch als Erzähler deutlich herausstellte, und auf eine dieser Geschichten wird am Ende dieses Buchs noch zurückzukommen sein.

Und doch wird man Springsteens Einordnung in die Reihe der großen Geschichtenerzähler der amerikanischen Popkultur von Hank Williams und Johnny Cash über Joan Baez, Bob Dylan und Leonard Cohen bis hin zu Tracy Chapman und Jason Isbell nicht gerecht, wenn man seine Songs nur als Erzählungen betrachtet. Ihre kommunikative Wirkung, die sich in der großen Bedeutung niederschlägt, die viele dieser Lieder für Fans haben, die zu den erzählten Geschichten gar keinen Bezug haben, beruht nicht auf den Themen, Fragen und Charakteren allein, die Springsteens Texte behandeln und entwerfen. Oder wie Bob Dylan in seiner Dankesrede für die Verleihung des Literatur-Nobelpreises im Jahr 2017 wissen ließ: »Songs are meant to be sung, not read.« (Dylan 2017) Geschichtenerzählen im Singer-Songwriter-Genre bedeutet immer auch, diese Geschichten als Musik zu entwerfen und zu vermitteln.

Und tatsächlich kommt ja keines der Lieder, von denen in diesem Kapitel die Rede war, als Text oder ›Thema‹ allein daher und keine der Bühnenansprachen ohne die Lieder aus, vor oder zwischen denen sie vorgetragen werden. In der Geschichte des politischen Lieds, etwa der Protestsongs in der für Springsteen so maßgeblichen Tradition von Woody Guthrie oder Pete Seeger, mag Musik mitunter nur als Begleitung eines lyrischen Textes fungieren. Aber gerade dem Nichtmuttersprachler ist die Erfahrung vertraut, wie sehr die Instrumentierung, Melodieführung und stimmliche Artikulation eines Springsteen-Songs selbst etwas erzählt. Und das eröffnet auch die kommunikative Dimension von Springsteens Geschichten, deren Inhalt immer ein atmosphärischer Vortrag zur Seite steht, durch den Emotionen adressiert werden, die über erzählte Einzelschicksale hinausgehen und dem Publikum deshalb den Eindruck vermitteln, selbst Gegenstand der Geschichte zu sein. Auch deshalb war die Reaktion des Publikums am 16. Juni 2023 in Birmingham so angemessen, als Springsteen zum ersten Mal auf der Tour die Geschichte von »The River« zu singen begann und tausende Stimmen in diese Erzählung einfielen:

> Because it's the thing that connects the singer to the singers, and to the audience ... and makes those walls as porous as can be. [...] The way you pay your dues on every song is digging up the piece of you that has felt that frightened, that uncomfortable, that disempowered, that scared, that lonely, and that angry. That's the price of admission if you want things to fly. And then everybody starts singin' and talkin', and the song comes to life, and the character emerges and comes to life. (Phillips/Masur 2013, 339 f.)

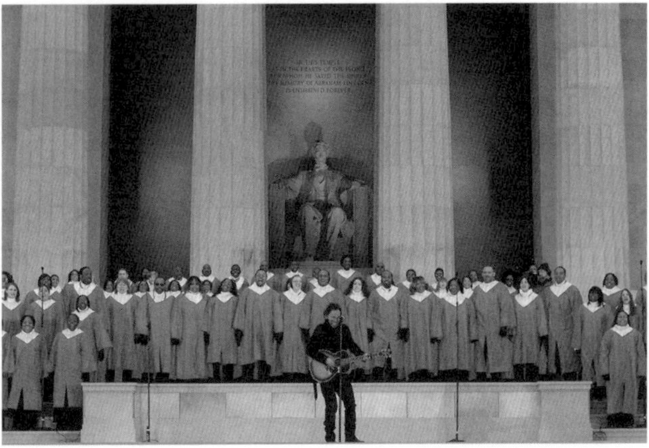

5 »Who are we and where is home?«

Gemeinschaften formen

Birmingham, 16. Juni 2023. Springsteen und die Band spielen in einem der Zentren der industriellen Revolution in England im Stadion eines der ältesten Fußballvereine der Insel. Arbeiterstadt, Arbeitersport – diese Klischees greifen kaum noch, wenn riesige Lastwagenflotten eine der drei im Umlauf befindlichen Bühnen zu den Schauplätzen des Geschehens fahren und die Tour 2023 mit ihren über 2,5 Millionen Besuchern einen Umsatz von ca. 350 Millionen Euro generiert. Und natürlich fragt sich trotz der rituellen Anrufung des jeweiligen Spielorts zu Konzertbeginn (»Hellоооо … Birmingham«), welche Rolle solche individuellen Schauplätze und ihre Geschichte im Konzertbetrieb des 21. Jahrhunderts überhaupt noch spielen. Eher gleichen Stadien denjenigen eigenschaftslosen Architekturen, die der französische Soziologe Marc Augé aufgrund ihrer Uniformität und Austauschbarkeit als »Nicht-Orte« bezeichnet hat. Und offensichtlich ist Rock'n'Roll in einem solchen Rahmen schon lange keine Subkultur mehr, ebensowenig wie Premier League Football noch Volkssport ist oder sich Arbeiter in einer Arbeiterstadt noch Wohnraum leisten können.

Und doch begrüßen die 50 000 Fans im Birminghamer Villa Park mit der im vorigen Kapitel als Beispiel für Springsteens Erzählkunst behandelten Tourpremiere von »The River« einen Song, der nicht nur zur persönlichen Identifikation einlädt, sondern einen weiteren Aspekt enthält, aufgrund dessen Springsteens Musik für so viele relevant und anschlussfähig ist: die Thematisierung von gesellschaftlichen und politischen Themen, die für das Publikum einen ebenso großen Wiedererkennungswert haben wie persönliche Krisen. So ist die Geschichte einer desillusionierten Liebe, die Springsteen in »The River« erzählt, zugleich in die ökonomischen Probleme des Paars in den USA der späten 1970er Jahre eingebettet:

> I got a job working construction for the Johnstown Company
> But lately there ain't been much work on account of the economy

Nicht nur die Träume des besungenen Paars beruhen also auf einer Lüge, sondern auch der *American Dream* von einem besseren Leben insgesamt. Und dasselbe Motiv war in Birmingham auch schon im Song unmittelbar vor »The River« angeklungen, dem nicht minder autobiographischen »My Hometown«, der in der zweiten Strophe nicht nur Bezug auf die Rassenunruhen der 1960er Jahre in New Jersey nimmt, sondern wiederum auf den ökonomischen Niedergang der Industriestandorte im Osten der USA in den 1980er Jahren:

> They're closing down the textil mill across the railroad track
> Foreman says these jobs are going boys and they ain't coming back

Die beiden zitierten Strophen sind natürlich nicht mit einer tiefschürfenden Strukturanalyse des postfordistischen Neoliberalismus der ›Reaganomics‹ zu verwechseln. Auch in der Adressierung gesellschaftspolitischer Themen bewahren Springsteens Songs die persönliche Perspektive der Betroffenen ›von unten‹ und handeln immer nur von Einzelfällen von Arbeitslosigkeit oder Fabrikschließungen – und das in aller Schlichtheit und Direktheit, wie »Johnny 99« von *Nebraska*, ein weiterer fester Bestandteil der Setlist von 2023, zeigt:

> Well they closed down the auto plant in Mahwah late that month
> Ralph went out lookin' for a job but he couldn't find none
> He came home too drunk from mixin' Tanqueray and wine
> He got a gun shot a night clerk, now they call'm Johnny 99

Dennoch haben diese und viele andere Lieder Springsteens Ruf als Stimme einer politisch und ökonomisch abgehängten Arbeiterschicht sowie, in der Folge, eines progressiven Amerikas begründet (Cullen 1997; Masciotra 2010; Cohen/Sawyers 2019, 49-77). Mit Songs wie »Night« auf *Born to Run*, »Factory« auf *Darkness on the Edge of Town* oder »Out in the Street« auf *The River* hatte er früh das Arbeiterleben besungen, das er zwar selbst nie geführt hat, aber durch seinen Vater kannte, der Fabrikarbeiter, Busfahrer und Gefängniswärter gewesen war. Auch die Lieder auf *Nebraska* handeln von einer Welt, in der kleine Leute »debts no honest man could pay« anhäufen und die »mansions on the hill« stets nur von unten und außen sehen. Mit *Born in the U.S.A.* etablierte sich Springsteen dann in Jeans, T-Shirt und Baseballkappe auch optisch als einer derjenigen *blue collar*-Rocker, die die Werte der Arbeiterschicht vertreten. Immer wieder trat er aber auch mit Songs hervor, die jenseits solcher Oberflächlichkeiten daran erinnerten, dass in den USA diejenigen zu den größten Verlierern gehören, die den Erfolg des Landes ermöglicht haben. So heißt es im Lied »Youngstown« auf *The Ghost of Tom Joad* über die Stahlarbeiter im Nordosten von Ohio:

> Seven hundred tons of metal a day
> Now sir you tell me the world's changed
> Once I made you rich enough
> Rich enough to forget my name

Wie schon angedeutet, reihte sich Springsteen durch solche Lieder mit großem Ernst in die Tradition politisch und sozial engagierter *topical songs* ein. Die Frage, wie glaubwürdig eine solche Positionierung aus der Feder eines globalen Rockstars und Multimillionärs sein kann, stellte sich allerdings nicht erst im Lichte des eingangs erwähnten Fiaskos um den Vorverkauf der Tickets für die Tour 2023. Schon 1992 hatte Springsteen selbst in »Better Days« auf *Lucky Town* kaum verhohlen gesungen:

> It's a sad funny ending to find yourself pretending
> A rich man in a poor man's shirt

Und auch hinsichtlich der Wirkung der politischen Implikationen seiner Musik äußerte er sich im selben Jahr in einem Interview mit James Henke skeptisch: »I went out in '85 and talked a lot about community, but I wasn't a part of any community.« (Phillips/Masur 2013, 161)

Damit fällt zugleich das Stichwort, das es erlaubt, die politischen Implikationen von Popmusik nicht auf eine mitunter stereotype und allzu schlichte Darstellung sozialer Missstände zu reduzieren. Der Begriff der ›Gemeinschaft‹ ist hierbei allerdings nicht unproblematisch, weil er – in Abgrenzung zur politischen Einrichtung einer ›Gesellschaft‹ – die nostalgische Vorstellung eines natürlich gewachsenen Zusammenhalts am Leben hält und damit an den gesellschaftspolitischen Realitäten der Moderne vorbeigeht (vgl. Bauman 2009). Der Soziologe Zygmunt Bauman sieht daher unter den Vorzeichen des Individualismus der kapitalistischen Spätmoderne nur noch die Möglichkeit flüchtiger Gemeinschaftsbildungen. Indem er darunter aber z. B. Ereignisse wie den Besuch von Konzerten oder Festivals versteht, bleibt Springsteens Begriffswahl vereinbar mit einer Vorstellung von Popmusik, die weniger von politischen Fragen handelt, als dass sie *als Musik* politisch wirksam sein kann.

In einem Gespräch mit Judy Wieder in der Zeitschrift *The Advocat* vier Jahre nach der eben zitierten skeptischen Aussage kommt Springsteen mit Blick auf *The Ghost of Tom Joad* zu einer entsprechend optimistischeren Einschätzung der politischen Relevanz seiner Arbeit:

> I just felt that what I was doing was rooted in a community – either real or imagined – and that my connection with that community was what made my writing and singing matter. (Phillips/Masur 2013, 212)

Und in seiner Autobiographie *Born to Run* verbindet er dieses Selbstverständnis mit den im vorigen Kapitel angesprochenen persönlichen Themen, die seine Musik adressiert:

> My writing was focusing itself around identity issues – who am I, who are we, what and where is home, what constitutes manhood, adulthood, what are your freedoms and your responsibilities. (Springsteen 2016, 216)

Identität ist hier ein Begriff, der sich sowohl auf die eigene Person als auch auf das Kollektiv, zu dem sie sich zählt, beziehen lässt. Und diese zweifache Beziehbarkeit auf »who am I« und »who are we« bzw. »where is home« erlaubt es, auch diejenigen Elemente von Popmusik als Bestandteile einer politisch relevanten Kommunikation zu verstehen, die auf den ersten Blick lediglich individuelle Belange anzusprechen scheinen. Im Fall von Springsteen ist diese Doppelperspektive insofern wichtig, als er in den ersten Jahren seiner Karriere jegliche politische Stellungnahme verweigert hatte. Noch bei seiner Teilnahme an »No Nukes: The Muse Concerts for a Non-Nuclear Future«, das auf den Unfall im Atomreaktor Three Miles Island bei Harrisburg, Pennsylvania, am 28. März 1979 reagierte, verzichtete er auf ein Statement zur Sache – und das, obwohl er mit »Roulette« einen Song geschrieben hatte, der die von einem Atomkraftwerk ausgehende Bedrohung unmittelbar thematisiert. Stattdessen debütierte Springsteen, wie im vorigen Kapitel erwähnt, zu diesem Anlass »The River«.

Im Jahr darauf aber integrierte Springsteen während der laufenden *River*-Tour zwei Coversongs, die – zumindest andeutungsweise – politisch gehört werden konnten: am 18. Dezember 1980 im New Yorker Madison Square Garden »Who'll Stop the Rain« von Creedence Clearwater Revival, ein verklausulierter Protest gegen den Vietnamkrieg, und zehn Tage darauf im Nassau Veterans Memorial Coliseum von Uniondale, New York, »This Land is Your Land«, einen *answer song* von Woody Guthrie auf Irving Berlins patriotische Hymne »God Bless America« von 1938. Guthrie besingt die USA darin als Land, das in seiner landschaftlichen Schönheit und Weite allen Einwohnerinnen und Einwohnern gleichermaßen gehört und deshalb auch diejenigen einschließt, die benachteiligt und in Not sind.

Springsteen empfahl seinem Publikum vor dem Song die Guthrie-Biographie von Joe Klein, die gerade erschienen war, mit der Ankündigung: »It just tells you a lot about the country you're living in«. Und auch sonst bildete sich Springsteens politisches Bewusstsein durch Lektüre aus: So hatte er bereits 1978 auf einem Roadtrip nach Kalifornien die Autobiographie *Born on the Fourth of July* des Vietnamveteranen Ron Kovic gelesen und den Autor im unmittelbaren Anschluss zufällig am Swimmingpool des Sunset Marquis Hotels in West Hollywood getroffen. Springsteen war beeindruckt, und Kovic verwies ihn an Bob Muller, den Vorsitzenden des Verbands der Vietnamveteranen, der seinerzeit tief verschuldet war und kurz vor der Auflösung stand. Springsteen sagte daraufhin zu, am 20. August 1981 in Los Angeles ein Benefizkonzert unter dem Titel »A Night for the Vietnam Vets« zu spielen, für das eigens eine Tribüne für Rollstuhlfahrer an der Seite der Bühne eingerichtet wurde.

Die Einnahmen des Konzerts sowie ein Spendenscheck von Springsteen über 100 000 US-Dollar sicherten dem Veteranenverband damals die Fortexistenz. Noch wichtiger war aber der symbolische Wert des Konzerts, das zum ersten Mal eine größere Öffentlichkeit und Sichtbarkeit für die Anliegen der Veteranen des Vietnamkriegs schaffte. Für viele von ihnen galt tatsächlich, was Springsteen im Jahr darauf in »Born in the U.S.A.« singen sollte:

> I'm ten years burning down the road
> Nowhere to run ain't got nowhere to go

Und in demselben Sinne eröffnete Springsteen das Konzert am 20. August mit einer Ansprache, die bereits bedeutend elaborierter und eloquenter war, als seine ersten rhetorischen

Gehversuche bei der Anmoderation von »This Land is Your Land« im Jahr zuvor:

> It's like when you feel that you're walking down a dark street at night and out of a corner of your eye you see somebody getting hurt or somebody getting hit in a dark alley but you keep walking on because you think you don't have nothing to do with it and you just wanna get home. Well, Vietnam turned this whole country into that dark street, and unless we're able to walk down those dark alleys and look into the eyes of the men and the women that are down there and the things that happened, we're never gonna be able to get home, and then it's only a chance. And you guys, you guys out there who are 18 and 19 years old: It happened once, and it can happen again. So I guess all I'm saying is: You gotta go down there and you gotta look.

Anschließend stellte er seinem Publikum Bob Muller vor, der den direkten Zusammenhang zwischen der politischen Bedeutung des Abends und seinem musikalischen Rahmen betonte:

> It's a great night for Vietnam Veterans. You may have been hearing about Vietnam veterans and not really understand what it's all about. Very simply, there was a lot of controversy and there's a lot of pain surrounding the tragedy of Vietnam, and because of that, a lot of people are trying to forget it and pretend that it never happened. That doesn't do much for the families of the 55,000 Americans that were killed in Vietnam, it doesn't do much for the 300,000 that were wounded fighting that war. But tonight is the first step in ending the silence that has surrounded Viet-

nam. […] [I]t's a little bit ironic after the years that we've been trying, when the businesses haven't come behind us and the political leaders have failed to rally behind us, that […] it ultimately turns out to be the very symbol of our generation, Rock'n'Roll, that brings us together … and it is Rock'n'Roll that is going to provide the healing process that everybody needs. So let's not talk about it, let's get down to it, let's Rock'n'Roll!

Darauf begann die Band das Konzert mit einer emotionalen Version von »Who'll Stop the Rain«, und auch die weiteren Songs des Abends waren so ausgewählt, dass sich die anwesenden Veteranen unmittelbar angesprochen fühlen konnten – zumal Springsteen immer wieder zur rechten Bühnenseite hin spielte, auf Zurufe reagierte und während »The River« so von den Emotionen des Abends überwältigt wurde, dass er zwei Verse ausließ. Guthries Lied »This Land is Your Land« widmete er schließlich ausdrücklich dem Anlass des Konzerts, indem er erzählte, wie er auf der Europatour gefragt worden sei, warum er einen Song spiele, der so offensichtlich nicht der Wirklichkeit entspräche: »That's a dream that no matter how much it gets stepped on or run over, that don't ever die. This is for you guys.«

Springsteens Auftritt trug wesentlich dazu bei, dass die Verfehlungen im Zusammenhang mit dem Vietnamkrieg in das öffentliche Bewusstsein der USA drangen. Aber umgekehrt ist auch die Bedeutung dieses Engagements für Springsteens eigene Arbeit kaum zu überschätzen: Nur wenige Monate nach dem Konzert in Los Angeles begann er in Colts Neck, New Jersey, mit den Aufnahmen für *Nebraska,* ein gewissermaßen unfreiwillig politisches Album, insofern Springsteen von seiner eigenen Lebenskrise zu denjenigen düsteren Themen getrieben wurde, die zugleich die gesellschaftliche Krise der USA adressierten – darunter auch, wie z.B. in »Highway Patrolman«, die Folgen des Vietnamkriegs. Vor allem aber ist die Urfassung von »Born in the U.S.A.« ein Produkt der Aufnahmen für das spätere *Nebraska*-Album – und noch als der Song 1984 in ganz anderem Arrangement veröffentlicht wird, ist auf der B-Seite der Single »Shut Out the Light« zu hören, ein weiteres Lied über einen traumatisierten Vietnamkriegsheimkehrer, das aber den zurückgenommenen Ton bewahrt. Vor diesem Hintergrund konnte Springsteen auf den Versuch des damaligen US-Präsidenten Ronald Reagan, bei einer Wahlkampfveranstaltung in New Jersey Potential aus der vermeintlich patriotischen A-Seite der Single zu schlagen, am 21. September 1984 in Pittsburgh so reagieren: »The president was mentioning my name the other day, and I kinda got to wondering what his favorite album musta been. I don't think it was the *Nebraska* album.« Schon am Abend nach Reagans erster Wahl hatte er am 5. November 1980 in Tempe, Arizona, gesagt: »I don't know what you guys think about what happened last night, but I think it's pretty frightening« – und damit eine besonders zornige Version von »Badlands« eingeleitet.

Im Umfeld von *The Ghost of Tom Joad* nahm Springsteen später mit »Youngstown« sowie dem Outtake »Brothers under the Bridge« weitere Lieder mit Vietnambezug auf. Das Thema war aber ansonsten vor allem Schwerpunkt der *Born in the U.S.A.*-Tour. Wie auf der Kompilation *Live 1975-85* bzw. der Veröffentlichung der *Archives*-Serie zu hören, erzählte er beim Abschlusskonzert am 30. September 1985 in Los Angeles vor »The River« von seiner eigenen Angst vor der Musterung und von Bart Haynes, »the drummer of my first band«, der in Vietnam gefallen war (vgl. Hyden 2024, 35-40).

Und er nahm angesichts der Außenpolitik der Reagan-Ära das Soulcover »War« ins Programm auf, vor dem er sagte:

> If you grew up in the sixties, you grew up with war on TV every night. A war that your friends were involved in. And I wanna do this song tonight for all the young people out there. [...] 'Cause I remember a lot of my friends when we were 17 or 18, we didn't have much of a chance to think about how we felt about a lot of things. And the next time they're gonna be looking at you. And you're gonna need a lot of information to know what you're gonna wanna do. Because in 1985, blind faith in your leaders or in anything will get you killed.

Vor der Zugabe »Born to Run« schließlich verkündete Springsteen auf der *Born in the U.S.A.*-Tour jene Formel, die lange für das mit seiner Musik verbundene soziale Bewusstsein gestanden hatte, bevor sie ihm angesichts des Verkaufs seiner Songrechte und der exorbitanten Ticketpreise für die Tour im Jahr 2022 enttäuscht entgegengehalten wurde: »In the end, noone wins unless everybody wins.«

Und doch waren solche Aussagen seinerzeit keine bloßen Lippenbekenntnisse: Ebenfalls auf der Tour 1984/85 beendete Springsteen jedes Konzert mit einem Spendenaufruf für die lokalen Food Banks, denen er selbst einen Teil seiner Einnahmen spendete. Und auch ansonsten war die zweite Hälfte der 1980er Jahre die Phase einer politischen Initiation: Springsteen sang – wie in der Netflix-Dokumentation *The Greatest Night in Pop* von 2024 zu sehen – im Benefizsong »We Are the World« des Projekts *USA for Africa* zur Linderung der Hungersnot in Äthiopien mit (nicht aber beim zugehörigen »Live Aid«-Konzert in London und Philadelphia am 13. Juli

1985, obwohl im Wembley Stadion der Bühnenaufbau seiner *Born in the U.S.A.*-Shows aus der Vorwoche genutzt wurde). Er unterstützte die gegen das Apartheid-System in Südafrika gerichtete Single »Sun City« seines vormaligen Gitarristen »Little Steven« Van Zandt, der die E Street Band vor der Tour zugunsten seiner Solokarriere verlassen hatte. Im Jahr 1986 nahm er an der ersten Ausgabe von Neil Youngs »Bridge School Benefit« zur Unterstützung von Schulen für mehrfachbehinderte Kinder in Mountainview, California, teil und 1988 gemeinsam mit Sting, Peter Gabriel, Tracy Chapman und Youssou N'Dour an der »Human Rights Now«-Tour zugunsten von Amnesty International. Springsteen coverte für diese Tour Bob Dylans »Chimes of Freedom« und zog in einem Interview, das er im Umfeld seines ersten Auftritts in Afrika gab, Parallelen zwischen der Diskriminierung, derer er in Zimbabwe ansichtig wurde, und dem Rassismus in den Vereinigten Staaten.

In den 1990er Jahren lässt sich dann beobachten, dass sich die damit verbundenen politischen Botschaften in die musikalischen Projekte selbst verschieben – so in Gestalt des Albums *The Ghost of Tom Joad* sowie der Songs »Streets of Philadelphia« und »41 Shots (American Skin)«: Im erstgenannten sang Springsteen für Jonathan Demmes Film *Philadelphia* aus der Perspektive eines homosexuellen Aidskranken und war auf diese Weise daran beteiligt, ein öffentliches Bewusstsein für die Diskriminierung von HIV-Patienten zu schaffen. »41 Shots« schrieb er, wie im dritten Kapitel erwähnt, unter dem Eindruck des Tods von Amadou Diallo und positionierte sich damit in der Debatte über Polizeigewalt (vgl. Harde 2013).

Mit dem neuen Jahrtausend setzte eine zweite Phase ein, in der Springsteens Stimme als relevanter Beitrag zum politischen Diskurs in den USA wahrgenommen wurde. Vom

Album *The Rising*, dessen Titel für den kollektiven Aufbruch der amerikanischen Gesellschaft nach dem 11. September 2001 steht, war im zweiten Kapitel bereits die Rede, und im dritten Kapitel habe ich auf Springsteens Beteiligung an der »Vote for Change«-Kampagne 2004 für den demokratischen Präsidentschaftskandidaten John Kerry hingewiesen. Nachdem Kerry die Wahl gegen George Bush verloren hatte, engagierte sich Springsteen vier Jahre darauf mit mehr Erfolg für Barack Obama, zu dessen Amtseinführung er am 18. Januar 2019 auf der Treppe des Lincoln Memorials in Washington D.C. vor der mächtigen Lincoln-Statue und einem Gospelchor aus in wallende rote Gewänder gehüllten Sängerinnen und Sängern »The Rising« sowie zusammen mit Pete Seeger »This Land is Your Land« sang. Davor waren auch schon die Titelsongs des Soloalbums *Devils and Dust* sowie des E Street-Albums *Magic* als Abrechnung mit den Lügen im Vorfeld des Irakkriegs von 2003 konzipiert gewesen: »Devils and Dust« besingt den Verlust verlässlicher Wahrheiten aus der Sicht eines GIs und »Magic« zeichnet das düstere Bild einer Gesellschaft, der wie in den Jahrmarktsbuden am Boardwalk von Asbury Park falsche Wahrheiten vorgegaukelt werden: »Trust none of what you hear / And less of what you see«. Die sprechendste Metapher für den Zustand des Landes nach der Bush-Ära findet Springsteen auf *Magic* im Song »Long Walk Home« – das Bild eines langen Weges, den die USA zurücklegen werden müssen, um wieder bei ihren ursprünglichen Idealen anzulangen:

> My father said: »Son, we're lucky in this town
> It's a beautiful place to be born.
> It just wraps its arms around you
> Nobody crowds you, nobody goes it alone.

You know that flag flying over the courthouse
Means certain things are set in stone
Who we are, what we'll do
And what we won't.«
It's gonna be a long way home …

Aber auch nachdem sich das Land mit der Wahl von Barack Obama auf diesen Weg zu machen versuchte, blieb Springsteen seiner neu gewonnenen Rolle als kritischer »social artist« treu. Während das Album *Working on a Dream* bereits in seiner Titelgebung allzusehr der Rhetorik der neuen Administration verpflichtet schien (und vielleicht auch deshalb das schwächste Springsteen-Album seit *Human Touch* von 1992 ist), war *Wrecking Ball* von 2012 ein umso engagierterer Aufruf zum Klassenkampf im Nachgang der Bankenkrise und Immobilienblase: Titel wie »We Take Care of Our Own« oder »Easy Money« sprechen für sich, »Shackled and Drawn« besingt die abgehobenen Partys der Banker und »Jack of All Trades« die Desillusionierung und Gewaltphantasien von Menschen, die stets zu Diensten sind und sich doch am Ende der Nahrungskette wiederfinden. »Death to my Hometown« ist eine Zuspitzung der düsteren Aussichten in »My Hometown« von 1984, und »American Land« erinnert an die Utopie der USA als sicherer Hafen für alle Heimatsuchenden.

Für dieses Lied griff Springsteen noch einmal auf das Arrangement irischer Folksongs im Stile seines Albums *We Shall Overcome* von 2006 zurück, mit dem er sich in der Tradition der Arbeiterlieder der kommunistischen Bewegung in den USA vor dem Ende des Zweiten Weltkriegs verortet hatte, zu der neben Pete Seeger auch Woody Guthrie gehörte und von der der frühe Bob Dylan beeinflusst war (Wilentz 2012, 17-46). Insofern ist auch die überraschende Amalgamierung von

Rock- und Folksounds Bestandteil der politischen Botschaft von *Wrecking Ball* – wobei der Titelsong ursprünglich auf das Giants Stadium in East Rutherford, New Jersey, gemünzt war, in dem Springsteen regelmäßig gespielt hatte und das 2010 der titelgebenden Abrissbirne zum Opfer gefallen war. Diese wurde dann aber zur Metapher für die destruktive Wirtschaftspolitik der Zeit, und Springsteens Aufforderung »Hold tight to your anger / Don't fall to your fears« ist auf dieselbe Weise als kollektiver Appell formuliert wie der Aufruf »Come on up for the rising« in »The Rising« oder die Utopie eines »Land of Hope and Dreams«, die Springsteen 2016 zu Amtseinführung von Joe Biden vortrug.

Weniger stimmig wirkte hingegen der Podcast, den Springsteen 2020 zusammen mit Barack Obama aufnahm und im Jahr darauf auch als aufwendig gestaltetes *coffee table book* veröffentlichte: *Renegades. Born in the USA*. Angesichts der Präsidentschaft von Donald Trump und der Coronakrise waren dem Buch als Motto die oben zitierten Verse aus »Long Walk Home« vorangestellt, und Obama nennt Springsteen in seinem Vorwort »a great storyteller, a bard of the American experience« (Obama/Springsteen 2020, x). Der Versuch, die Schnittmenge zwischen dem schwarzen Harvard-Juristen aus Hawaii und dem weißen Arbeiterkind aus New Jersey unter dem Label des ›Renegaten‹ zu finden, dessen Bedeutung irgendwo zwischen abtrünnigem Deserteur und vagabundierendem Außenseiter changiert, hatte aber etwas Bemühtes an sich – zumal er in der Buchfassung von Photos begleitet wurde, auf denen Bruce und Barack im schicken Oldtimer-Cabrio durch die Alleen des Garden State gleiten und ihre Gespräche im exquisiten Heimstudio von Springsteens Ranch führen.

Die Gespräche selbst streifen zwar immer wieder Hörens- und Lesenswertes – den Vergleich der beiden unterschiedlichen Versionen eines Aufwachsens am Rand der Gesellschaft, die Wahrnehmung der Rassenunruhen der 1960er Jahre als weißer und als schwarzer Jugendlicher oder die gesellschaftspolitischen Implikationen der Soulmusik. Sie handeln aber auch von Männlichkeitsbildern oder dem Selbstverständnis als Eltern und sind im Ganzen so sehr von einem prästabilierten Konsens der Gesprächspartner geprägt, dass sie kaum Überraschendes zutage fördern und im ganzen eher den Eindruck einer Zufriedenheit über das Erlebte und Erreichte erwecken, als dass sie den Kampfgeist von *Wrecking Ball* sekundierten.

Auch aufgrund solcher Eindrücke ist die oben genannte zweite Dimension, derentwegen Springsteen als politisch relevanter Musiker gelten kann, die wesentlichere: das Verständnis von Popmusik selbst als politischem Akt. Dieses Verständnis begleitet Popmusik, seit über sie geschrieben wird, denkt man etwa an Greil Marcus' bahnbrechendes Buch *Mystery Train. Images of America in Rock'n'Roll Music* von 1975, das anhand von Robert Johnson, Elvis Presley und The Band nachzeichnet, auf welche Weise deren Songs Metaphern und Symbole etablieren, die für das kollektive Selbstverständnis der US-Kultur und -Gesellschaft stehen. Springsteen hat mit den vielen Autos, Zügen, Highways und dunklen Stadtteilen, von denen er gesungen hat, beträchtlich zu diesem Bildinventar beigetragen, und Marcus selbst hatte sein Album *Born to Run* am 9. Oktober 1975 im *Rolling Stone* in diesem Sinne rezensiert:

> Springsteen's singing, his words and the band's music have turned the dreams and failures two generations have dropped along the road into an epic – an epic that began when that car went over the cliff in *Rebel Without a Cause.*

> […] Springsteen's songs – filled with recurring images of people stranded, huddled, scared, crying, dying – take place in the space between »Born to Run« and »Born to Lose«, as if to say, the only run worth making is the one that forces you to risk losing everything you have. (Rolling Stone 1996, 49)

Popmusik vermag demnach kollektive Krisenerfahrungen und Hoffnungen in konkrete Bilder zu übersetzen, in denen sich das Publikum nicht nur wiedererkennt, sondern überhaupt erst als ein solches Kollektiv konstituiert. Deshalb ist Popmusik auch nicht wegen etwaiger konkreter gesellschaftskritischer Aussagen politisch, sondern als eine Form der gemeinschaftsbildenden Kommunikation, wie Springsteen dies auch 1998 im Gespräch mit Will Percy beschreibt:

> You could make an argument that one of the most socially conscious artists in the second half of this century was Elvis Presley, even when he probably didn't start out with any set of political ideas that he wanted to accomplish. He said »I'm all shook up and I want to shake you up«, and that's what happened. (Phillips/Masur 2013, 230)

Keine Frage, dass diese Dynamik auch Springsteens eigene Auftritte prägt, und er hat »All Shook Up« auf der Tour 2009 auch schon gecovert. Darüber hinaus nutzt er aber ein weiteres Element, um diese gemeinschaftsbildende Dynamik von Popmusik zu inszenieren: seine Interaktion mit der E Street Band. Zwar präsentieren sämtliche Studioalben Springsteen als Solokünstler, alle seine Tourneen und Live-Aufnahmen werden aber unter dem Label ›Bruce Springsteen and the E Street Band‹ vermarktet, und spätestens seit den 1980er

Jahren beginnt Springsteen, den besonderen Stellenwert der Freundschaft zwischen den Mitgliedern dieser Band als wesentlichen Bestandteil seiner musikalischen Botschaft hervorzuheben.

So veröffentlicht er 1984 angesichts des Abschieds von Steven Van Zandt von der Band zwei Lieder auf *Born in the U.S.A.*, die den Geist dieser Freundschaft im Rückblick emphatisch besingen: »No Surrender« mit dem Verweis auf »blood brothers« im Refrain und »Bobby Jean« mit dem Vers »Now there ain't nobody, nowhere nohow gonna ever understand me the way you did«. Hier wie auch schon in der Freundschaftselegie »Backstreets« fällt auf, dass Namen wie »Bobby« oder »Terry« geschlechtsneutral sind, so dass die Bekenntnisse offenlassen, ob sie sich an einen Mann oder eine Frau richten. Und nimmt man Ersteres an, bleibt wiederum offen, ob dies progressive queere Lesarten ermöglicht, wie sie von Natalie Adler nahegelegt werden, oder doch eher deren Sublimation in der Beschwörung eines Männerbundes, wie sie in Springsteens Liner Notes zur Kompilation *Live 1975-85* anklingt:

> I'd like to thank [...] the E Street Band for 1,001 nights of comradeship and good rockin'. They're all about the best bunch of people you can have at your side when you're goin' on a long drive.

Dieselbe Ambivalenz prägt auch Springsteens Beziehung zu Clarence Clemons, der ihre erste Begegnung in seiner Autobiographie *Big Man* als Liebe auf den ersten Blick beschreibt:

> [W]hen we started to play that night we looked into each other's eyes and it was like ... total magic [...]. My girlfriend said we were queer for each other. But it was so solid. [...]

> We both knew we were friends for life. (Clemons/Reo 2011, 30; vgl. 254-257)

Wie auch immer man all diese Inszenierungen von Kameradschaft, Seelenverwandtschaft, Blutsbrüderschaft und Liebe deutet – sie bieten Projektionsflächen für unterschiedliche Identifikationsversuche. Ihren Höhepunkt erreichten diese Inszenierungen im Zuge der Wiedervereinigung der Band in der zweiten Hälfte der 1990er Jahre: Springsteen hatte die E Street Band nach der »Human Rights Now«-Tour 1988 aufgelöst, weil er sich nach dem immensen Erfolg der 1980er Jahre und dem damit einhergehenden Image als Stadionrockstar musikalisch neu orientieren wollte: »I just kind of felt ›Bruced‹ out.« (Philipps/Masur 2013, 155). Nach Experimenten mit anderen Musikerinnen und Musikern Anfang der 1990er Jahre lud er aber Anfang 1995 seine ehemalige Band in das Hit Factory-Studio in New York City ein, um für die Veröffentlichung eines *Greatest Hits*-Albums einige Bonustracks einzuspielen. Unter diesen Liedern war eines, das Springsteen extra für den Anlass geschrieben hatte, und dem er – wie man auf der gleichnamigen Videodokumentation deutlich erkennen kann – mit gehöriger Nervosität entgegensah: »Blood Brothers«, ein Titel, der unüberhörbar den Refrain von »No Surrender« aufgreift, was auch insofern stimmig schien, als Steven Van Zandt für die *reunion* wieder mit von der Partie war. Springsteen fand auch sonst sprechende Bilder für das Auseinanderbrechen der Band und die Frage, ob sich der Geist ihrer Verbundenheit noch einmal beleben lasse. Bezeichnenderweise trug er sie aber, nach mehreren gescheiterten Versuchen, ein Rockarrangement zu finden, schließlich ausgerechnet in der Tonlage des Soloprojekts *The Ghost of Tom Joad* vor, mit dem er sich später im Jahr wieder ganz von der E Street Band zu entfernen schien:

> We played king of the mountain out on the end
> The world come chargin' up the hill, and we were
> women and men
> Now there's so much that time, time and memory fade
> away
> We got our own roads to ride and chances we got to take
> We stood side by side each one fightin' for the other
> And we said until we died we'd always be blood brothers

Das Eingangsbild dieser ersten Strophe ist sprechend für das Auseinanderfallen der jugendlichen Ideale bei der Gründung einer Band und den Realitäten einer Karriere: Was Kindern wie ein Berg vorkommt, erweist sich aus Sicht der Erwachsenen als bloßer Hügel, und das Kinderspiel, sich zum König (auch des Rock'n'Roll) zu küren, weicht nach und nach den Forderungen des Tages. In der Folge artikuliert das Lied die daraus resultierenden Zweifel, ob die Idee einer Wiedervereinigung überhaupt eine Grundlage und Zukunft haben kann – was die eingeladenen Musikerinnen und Musiker irritiert haben dürfte, auch wenn Springsteen am Ende ein Schlussbild findet, das zu den schönsten seines Katalogs gehört:

> Now I don't know how I feel, I don't know how I feel
> tonight
> If I've fallen 'neath the wheel, if I've lost or I've gained
> sight
> I don't even know why, I don't know why I made this call
> Or if any of this matters anymore after all

> But the stars are burning bright like some mystery
> uncovered
> I'll keep movin' through the dark with you in my heart
> My blood brother

Tatsächlich ist dies aber noch gar nicht das Ende von »Blood Brothers« – die Studiosessions für *Greatest Hits* erwiesen sich im Nachhinein als Keimzelle für die unerwartet erfolgreiche *Reunion*-Tour 1999 und 2000, vor der Springsteen mit *Tracks* eine CD-Box mit insgesamt 66 bislang noch nicht bzw. noch nicht in dieser Form veröffentlichten Stücken herausbrachte und auf diese Weise gewissermaßen eine alternative Geschichte der E Street Band dokumentierte.

Die anschließende Tour kündigte er ausdrücklich als »rebirth and rededication of the band« an, stellte aber durch das neue Songmaterial zugleich sicher, dass die Konzerte nicht zu bloßen Neuauflagen des Mythos der 1970er und 1980er Jahre wurden, sondern als eigenständiges und aktuelles musikalisches Statement wahrgenommen werden konnten. Und tatsächlich fiel die Reaktion des Publikums enthusiastisch aus, und die abschließenden zehn Konzerte zwischen dem 12. Juni und 1. Juli 2000 im New Yorker Madison Square Garden gerieten zu einer triumphalen Feier, die man auf der CD bzw. DVD *Live in New York City* oder, besser noch, den zugehörigen Veröffentlichungen in der *Archives*-Serie mitverfolgen kann und über deren Eröffnung Jon Pareles in der *New York Times* vom 13. Juni 2000 befand:

> Mr. Springsteen has been touring with them for a year, and they have reached a new peak as an ensemble: gleaming with the keyboards of Roy Bittan and Danny Federici, surging with the bass lines of Gary W. Tallent and the

> drumming of Max Weinberg, honking with rhythm-and-blues from Clarence Clemons's saxophone and unleashing three lead guitarists – Mr. Springsteen, Steve Van Zandt and Nils Lofgren. Mr. Springsteen's wife, Patti Scialfa, strums acoustic guitar and sings backup. The band vamps like a soul revue, then hits like a stainless-steel fist. [...] [The concert] was about camaraderie and redemption. Twice, Mr. Springsteen lets songs stretch out and turned himself into a preacher [...]. He dropped to his knees, stretched out his arms and worked the crowd like a gospel singer. [...] He also bonded with the band, sharing a microphone with all the musicians whose instruments were portable [...].

Dieser besonderen Dynamik zwischen Künstler, Band und Publikum zollte Springsteen Anerkennung, als er die abschließende Show am 1. Juli nicht wie alle Konzerte zuvor mit dem eigens für die Tour geschriebenen Song »Land of Hope and Dreams« beendete, sondern »Blood Brothers« debütierte. Das allein wäre schon ein gewichtiges Statement gewesen, aber Springsteen winkte überdies nach der Bridge des Songs alle Bandmitglieder mit »portable instruments« zu sich an den vorderen Bühnenrand, und während sie sich dort in einer Reihe an den Händen hielten, sang er eine eigens für den Anlass geschriebene neue letzte Strophe:

> Now I'm out here on this road, alone on this road tonight
> Close my eyes and feel so many friends around me in the early evening light
> And the miles we have come, and the battles won and lost
> Are just so many roads traveled, so many rivers crossed

And I ask God for the strength and faith in one
another
'Cause it's a good night for a ride, 'cross this river to the
other side
My blood brothers

Man kann dieses Tourfinale auf einem verwackelten YouTube-Video verfolgen, und so inszeniert das Schlussbild der händehaltenden Band am Bühnenrand auch ist, so wenig scheinen es die Rührung in Clemons' Gesicht und Springsteens kurzes Ringen um Fassung nach dem letzten Vers zu sein. Aber entscheidend an dieser Präsentation der E Street Band ist weniger die Authentizität der zur Schau gestellten Emotionen als die Anschlussfähigkeit des damit vermittelten Sinnbilds: Die E Street Band stand eben nicht als unverbrüchliche Gemeinschaft auf der Bühne des Madison Square Garden, sondern als eine, die trotz aller Brüche wieder zusammengefunden hatte, und sie bot dem Publikum auf diese Weise weniger ein Idealbild als ein realitätstaugliches und belastbares Modell für solche Gemeinschaften.

In einem Gespräch mit dem Herausgeber des Fanmagazins *Backstreets* Chris Phillips sagte Springsteen im Anschluss an die *Rising*-Tour, deren letzte Show er auch wieder mit der zitierten Strophe von »Blood Brothers« beschlossen hatte, in diesem Sinne:

> I do believe that you serve at the behest of the audience. But, at the same time, I believe that my ideas and the beliefs that our band has stood for over the years are an integral part of our work, and we have a *duty* to make those ideas as clear as possible. (Phillips/Masur 2013, 287)

Das damit angesprochene Gemeinschaftsmodell ist nicht frei von Nostalgie sowie angesichts der Tatsache, dass Springsteen sich 1999 drei Wochen vor Tourstart und sehr zu Steven Van Zandts Missfallen als Solokünstler in die Rock'n'Roll Hall of Fame hatte einführen lassen (die E Street Band folgte erst 2014 nach), auch leicht geschönt. Aber es war Springsteen und der Band gelungen, den Bogen von den Erinnerungen der Fans an zum Teil ein Vierteljahrhundert zurückliegende Konzerterlebnisse in die Gegenwart zu spannen. Und dieser historische Bogen, für den auch schon die Veröffentlichung von *Tracks* gestanden hatte, machte das Publikum zum Teil derjenigen Gemeinschaft, die da in den letzten Versen von »Blood Brothers« besungen und zur Schau gestellt wurde – oder wie Springsteen 2005 dem britischen Schriftsteller Nick Hornby erklärte:

> There was so much familiarity in the music that for a lot of people it felt like home; it touched either your real memories or just your imaginary home, the place that you think of when you think of your home town, or who you were, or who you might have been. And the music collected those things, so there was an element that made you feel comfortable. (Phillips/Masur 2013, 298)

Zugleich stand die *Rising*-Tour aber auch für eine gemeinschaftsbildende Botschaft der E Street Band, die überhaupt nichts mit einem solchen nostalgischen Rückblick zu tun hatte, sondern auf ganz aktuelle Ereignisse reagierte: Wie die Legende es will, erkannte am Tag nach dem Anschlag vom 11. September 2001 ein Fan den Star, als dieser von einem Parkplatz im Norden New Jerseys aus auf die brennenden Türme des World Trade Centers blickte, und rief ihm zu: »Bruce, we need you!« Zusätzlich angeregt durch die zahlreichen Hinweise in Todesanzeigen von New Yorker Feuerwehrmännern auf deren Liebe zu seiner Musik nahm Springsteen diesen Appell beim Wort: Zehn Tage nach den Anschlägen eröffnete er die Benefizsendung »America: A Tribute to Heroes« mit dem Song »My City of Ruins«, der ursprünglich vom Niedergang der Küstenstadt Asbury Park handelte, in der Springsteens Karriere begonnen hatte, nun aber auf geradezu unheimliche Weise zu dem gegebenen Anlass passte. Vor allem aber schrieb Springsteen in den folgenden Monaten eine Reihe von Songs, die das Trauma der Angriffe direkt thematisierten und die im zweiten Kapitel auch schon Erwähnung gefunden haben, ebenso wie eingangs dieses Kapitels die Aufrufe »Come on up for the rising!« bzw. »Come on, rise up!«, die dem zugehörigen Album den Titel liehen.

Der Stellenwert von *The Rising* für die USA nach 9/11 ist kaum zu überschätzen: Noch vor den Romanen von Jonathan Safran Foer oder Don DeLillo hatte Springsteen mit dem Album eine künstlerische Reflexion der Folgen der Angriffe für einzelne Familien wie die amerikanische Gesellschaft als ganze vorgelegt, die tatsächlich als kollektives Therapeutikum rezipiert wurde (Gengaro 2009; Fisher/Flota 2011; Ritter 2013). »Tell me, how do I begin again«, fragt Springsteen in »My City of Ruins«, und kleidet die Antwort »with these hands« in eine der sich repetitiv steigernden Gospelchorpassagen, die er für die Botschaft von *The Rising* adaptierte – so das »it's alright, it's alright, it's alright, yeah!« in »Lonesome Day«, einem Song, der vor kurzschlussartigen Rachereflexen warnt, das bereits zitierte »may your strength give us strength« aus »Into the Fire« oder »let it rain, let it rain, let it rain« in »Mary's Place«. Aber auch das schlichte

»la la la la la« in »Worlds Apart« oder »li li li li li li li li« in »The Rising« erfüllen durch die einfache Möglichkeit, mitzusingen, dieselbe gemeinschaftsstiftende Funktion. Und trotz dieses Versuchs, die musikalische Gestaltung des Albums damit in den Dienst eines kollektiven Heilungsprozesses zu stellen, für den auch Songtitel wie »Waitin' on a Sunny Day«, »Countin' on a Miracle« oder »Let's be Friends« stehen, zeichnet es alles andere als ein tröstlich-verharmlosendes Bild – weder in »Into the Fire«, das von der »darkness of your smokey grave« spricht, noch in »You're Missing«:

> Coffee cups on the counter,
> Jackets on the chair
> Papers on the doorstep,
> But you're not there
> Everything is everything
> Everything is everything
> But you're missing

Die Intensität von »Into the Fire« und »You're Missing« prägten in ihrem einerseits gospelhaften und andererseits kargen Arrangement auch die Konzerte der *Rising*-Tour, die enger als sonst üblich um die neuen Lieder gruppiert waren – so sind in dem als DVD veröffentlichten Konzert am 16. Oktober 2002 in Barcelona nicht weniger als zehn der insgesamt fünfzehn Nummern des Albums zu hören, und Springsteen machte auch wieder reichlich von seinen auf der *Reunion*-Tour erprobten Qualitäten als säkularer Prediger Gebrauch. Diese kamen auch auf allen folgenden Tourneen der E Street Band zum Einsatz und verwandelten die Konzerte zu Feiern der Gemeinschaft aus dem Geist der Musik – so z. B. in Gestalt der Metaphorik eines gemeinsam zu errichtenden Hauses auf der *Working on a Dream*-Tour, auf der er z. B. am 16. Juli 2009 in Glasgow während des Titelsongs des Albums erklärte:

> Not only do we want to rock the house, we want to build a house here in Glasgow tonight. We wanna take the fear that's out there and build a house of love. We wanna take despair and build a house of hope. We wanna take doubt and build a house of faith. And we wanna take this cooling off and build a house of sexual healing. And we wanna take the blues and the sadness that's out there and build a house out of happiness and joy. That's a big job, so we gonna need help. We gonna use the bad wood, the good wood, the bad news that's out there. The good news is here tonight, and we gonna build a house out of music, and out of spirit, and out of noise.

Die Wirkung dieser Ansprache, nach der Springsteen mit der Aufforderung »Now sing it like you mean it!« wieder in den Refrain »Working on a Dream« einsteigt, vermittelt sich – wie in allen anderen Fällen in diesem Buch – in gedruckter Form natürlich nicht. Und sie vermittelt sich auch nicht über YouTube, sondern wahrscheinlich nur, wenn man im betreffenden Moment selbst Teil des Publikums gewesen ist. Und das ist auch kein Problem, weil Konzerte als Live-Ereignisse und nicht als Archivdokumente erlebt werden und wirken sollen.

Man kann Springsteens Bild eines aus der Musik gebauten Hauses dennoch naiv finden – zumal der Song »Working on a Dream« ohnehin im Ruf steht, nicht nur aufgrund seiner Schlagermelodie, sondern auch wegen seines allzu programmatischen Gehalts das schwächste Werk des Meisters zu sein. Springsteen selbst war es freilich ernst mit dieser Fortführung des Traummotivs aus »Land of Hope and Dreams«, das zugleich an Barack Obamas Aufgreifen von Martin Luther Kings berühmter Traumvision von einer egalitären Gesellschaft – etwa in Obamas Buch *Dreams from My Father* von 1995 – anschloss. Und vielleicht ist die Naivität eines solchen Anschlusses im Fall von Popmusik ebenso unvermeidlich, wie die auf ein Massenpublikum ausgerichteten Kommunikationsformen im Fall eines Stadionkonzerts.

Dennoch zeigen die in diesem sowie den beiden voranstehenden Kapiteln versammelten Beispiele, dass Springsteen über die Fähigkeit verfügt, die politischen Botschaften seiner Musik und das mit ihr verbundene Gemeinschaftsgefühl in Form exemplarischer Geschichten einerseits sowie der Erzeugung einer spezifischen Intensität seiner Auftritte andererseits zu vermitteln – und also allein *als* Musik und nicht nur in Gestalt programmatischer Motivationsformeln: Es ist weniger das, was Springsteen sagt, als die Tatsache, dass sich so viele Menschen von ihm angesprochen fühlen, die dasjenige Gemeinschaftsgefühl erzeugt, in dem man den Beitrag von Popmusik zur politischen Kommunikation sehen kann. Und eben deshalb ist Springsteens Beitrag ernst zu nehmen – ›ernst‹ in dem Sinne, in dem er die eingangs dieses Kapitels zitierte Aussage in seinem Gespräch mit Judy Wieder von 1996 fortsetzte:

> I didn't feel that those connections were casual connections. I felt that they were essential connections. I was a serious young man, you know? I had serious ideas about rock music. (Phillips/Masur 2013, 212)

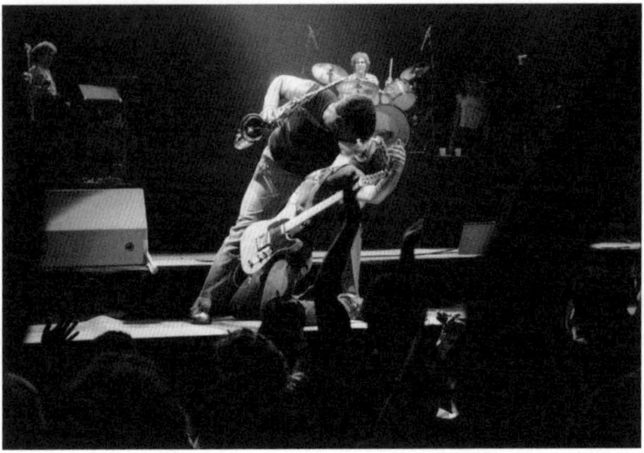

6 »It's going to matter to somebody«
Biographien prägen

Düsseldorf, 21. Juni 2023. Zum ersten Mal seit sieben Jahren spielt die E Street Band wieder in Deutschland. Es ist ein strahlender Sommertag und die Stimmung in den Warteschlangen vor der Merkur-Spiel-Arena trotz der sengenden Hitze entspannt. So nervenaufreibend stundenlanges Anstehen normalerweise sein mag, so sehr scheint es, wenn und weil man sich dieser Tortur freiwillig unterzieht, zum Konzertvergnügen dazuzugehören. Einige Fans haben auch wieder Pappschilder angefertigt, auf denen Liedwünsche stehen. Aber die Kreation, die die Person direkt vor mir bei sich trägt, ist anders geartet: Unter einem Photo, auf dem sie mit Springsteen auf der Bühne zu sehen ist, steht »Thank you from your chubby girl!« Auf meine Nachfrage hin erfahre ich, dass es sich um eine Aufnahme von einem Konzert in Mönchengladbach im Jahr 2013 handelt, und beginne mich dunkel zu erinnern, dass ich damals von einem Tribünenplatz aus auf der Leinwand verfolgen konnte, wie Springsteen während »Dancing in the Dark« ein Schild mit der Aufschrift »Dance with the chubby girl!« aus der Menge fischte, mit gespielt irritiertem Gesichtsausdruck in die Kamera hielt und der Bittstellerin unterstützt von seinem Security-Chef Graham Quinn für einen kurzen Tanz, eine innige Umarmung und eine Serie von Verbeugungen auf die Bühne half. Und nun war Monica zehn Jahre darauf zurückgekommen, um sich für diesen Tanz zu bedanken.

Und nicht nur für den Tanz. Während wir weiter auf den Einlass warten, obwohl die Ordner schon vor geraumer Zeit alle Wasserflaschen eingesammelt haben, entfalten sich weitere Details der Geschichte: Der Tanz ist nicht nur eine schöne Erinnerung, sondern war ein lebensveränderndes Ereignis. Denn dass sie trotz der Zweifel, ob Springsteen ausgerechnet ein »chubby girl« erwählen würde, ein Schild gebastelt und damit Erfolg gehabt hatte, diente Monica Deters als Beleg, wie sehr positives Denken bestehende oder auch nur eingebildete Hürden zu überwinden vermag. Sie verfasste aus dieser Erfahrung heraus einen Ratgeber zum Umgang mit Führungspersönlichkeiten, dessen Titel *Dance with the Boss* zugleich den Schreibanlass in Erinnerung hielt. Und im Vorwort zu diesem Buch beschreibt sie anschaulich, wie sie inmitten einer Berufs- und Lebenskrise Springsteen zum ersten Mal im Fernsehen sah:

> Es traf mich mitten ins Herz. Ich spürte, hier war das Äußere nebensächlich, es ging um Inhalt, um Seele und um tiefe Leidenschaft. Mittlerweile kniete ich vor dem Fernseher. […] Bruce Springsteen war es […] gelungen, meine Motivation, mein inneres Feuer, das mittlerweile schon fast erloschen war, von neuem zu entfachen. In diesem Moment bin ich (innerlich) wieder aufgestanden, um für mich, aber auch für andere, bessere Lebens- und Arbeitsbedingungen zu schaffen. (Deters 2015, 8)

Und kurz darauf erinnert sie sich an ihr Gefühl während des Tanzes mit Springsteen von 2013, »als würde er dadurch auch der Weltöffentlichkeit zeigen: Schaut her, die Frau hat es geschafft, von ihrem Jammersofa runterzukommen – und Ihr könnt das auch!« (Ebd., 9)

Tatsächlich hat Monica Deters seither nicht weniger als sieben Bücher mit Titeln wie *Switch Your Life* oder *Glanz oder gar nicht* veröffentlicht und das Unternehmen Million

Dreams gegründet, das sogenannte »Switch Coaches« ausbildet. Bei ihren Vorträgen im Rahmen dieser Ausbildung bezieht sie sich im Stile einer Stand-up-Comedian immer wieder auf das Schlüsselerlebnis von Mönchengladbach und bezeichnet es als Wendepunkt und Rettung. Und auch nach dem Konzert in Düsseldorf postet sie auf Facebook ein Video, das davon berichtet, wie sie auf der Heimfahrt die »Botschaft vom Boss« erhalten habe, ihren Weg in die Öffentlichkeit konsequent weiterzugehen – eine Botschaft, die nicht im spiritistischen Sinne zu verstehen sei, sondern als Ausdruck der Erfahrung, dass Springsteens Musik eigene Gefühle und Energien freisetzt, die vorher nicht zugänglich waren. Und diesen intensiven Effekt der Show führt sie auf Springsteens besondere Art der Interaktion mit dem Publikum zurück: »Das Schöne an Bruce ist: Er schaut seine Fans an. Er kommuniziert mit ihnen.«

Es passt daher gut, dass Springsteen die Show in Düsseldorf zum ersten Mal auf der Tour mit »The Ties that Bind« von *The River* eröffnet, denn um Verbindungen geht es. Und tatsächlich gelingt Springsteen in Düsseldorf ein Auftritt, bei dem sich Emotionen vermitteln, die nicht nur mit der für so viele lebensbegleitenden Musik selbst verbunden sind, sondern auch damit, dass sie von einer Band gespielt wird, deren Geschichte und Endlichkeit zugleich Gegenstand der Lieder ist. Es ist schwer zu sagen, woher der Eindruck rührt, dass derartige Emotionen bei dem einen Konzert deutlicher in den Zuschauerraum überspringen als bei einem anderen – die Aufgabe, ein Programm Abend für Abend zu präsentieren, ohne dass es zur bloßen Routine wird und die eigene Betroffenheit erkennbar bleibt, ist bestimmt keine einfache. Aber möglicherweise ist es gar nicht der Künstler, sondern sein Publikum, dessen Aufmerksamkeit und Offenheit den Unterschied ausmacht. Im Düsseldorfer Pit ist jedenfalls deutlich zu spüren, dass hier einem Musiker, seinen Songs und seinen Konzerten eine Bedeutung beigemessen wird, die über bloße Unterhaltung oder ästhetische Wertschätzung hinausgeht.

Auch wenn die Verehrung des Stars ein zentraler Baustein der Erfolgsgeschichte der Popmusik ist, scheint mir das Ausmaß dieser Bedeutung, die Springsteens Musik und Person seit Jahrzehnten zukommt, ein Sonderfall zu sein und in ihrer Intensität und Verbreitung weit über sonstige auf Popstars gerichtete Projektionen hinauszugehen: Wie in diesem Kapitel zu sehen sein wird, beziehen Springsteen-Fans Songtexte, Aussagen und Gesten ihres Idols auf eine fundamentale und ernsthafte Weise auf ihr Leben. Man kann eine solche Verehrung naiv, regressiv, esoterisch oder als bloßen Religionsersatz empfinden. Man kann aber auch versuchen, Fantum nicht einfach als Kompensation eines Mangels zu deuten, sondern den Eigenwert und vielleicht sogar die Energie und Schönheit wahrzunehmen, als die Springsteen-Fans ihre Leidenschaft erleben und auch auf ihr alltägliches Leben jenseits der Konzerte beziehen. Aus dieser Perspektive besteht der Blick von Fans auf ihren Star dann weniger in dessen Überhöhung, sondern eher in seiner lebensweltlichen Erdung.

Für diesen Vorschlag, die Vorstellung einer Verbindung zwischen Publikum und Star ernst zu nehmen, ist eine weitere Besonderheit der Fankultur um Bruce Springsteen hilfreich: Sie ist seit geraumer Zeit Gegenstand von Studien und Dokumentationen, darunter die im dritten Kapitel schon einmal erwähnte Doktorarbeit *Tramps Like Us: Music & Meaning Among Springsteen Fans*, die Mitte der 1990er Jahre am Institut für Kulturanthropologie der Brown University in Providence, Rhode Island, entstanden ist. Ihr Autor, Daniel Cavicchi, ein bekennender Springsteen-Aficionado und heute Professor für American Studies an der Rhode Island School of Design, versteht darin die Bedeutung, die Springsteen im Leben seiner Fans einnimmt, weder als bloße musikalische Vorliebe noch als Illusion oder gar pathologische Fixierung, sondern als reale Empfindung: »But among Springsteen fans, the idea of connection means more than just having an affinity to his music; it means making the music a deeply felt part of one's life« (Cavicchi 1998, 41). Er stützt sich dabei auf das einleitend erwähnte Modell einer parasozialen Interaktion zwischen Stars und dem Publikum von Massenmedien, das die Soziologen Donald Horton und Richard Wohl bereits 1956 unter dem Schlagwort »Intimität auf Distanz« entwickelt haben: Eine solche Beziehung ist zwar im Regelfall imaginär und nicht wechselseitig, sie beruht aber auf der Übereinstimmung, dass das – meist massenmedial vermittelte – Angebot, ein Publikum anzusprechen, dessen Rezeptionserwartung und -haltung entspricht und deshalb als real erlebt werden kann.

Beispiele für diesen Effekt habe ich bereits in den Kapiteln zu Springsteens Konzertperformanz und zu den Geschichten, die er singt und erzählt, angeführt. Sie zeigen, dass es Springsteen von Beginn an darum gegangen ist, die Distanz zwischen Künstler und Publikum nach Möglichkeit zu minimieren – durch seine persönlichen Ansprachen und Begegnungen mit Fans, seine Distanz zu den Marketingstrategien der Musikindustrie in den frühen Jahren und nicht zuletzt den körperlichen Einsatz bei seinen Shows, der ihn weniger als bloßes Bild eines Stars erscheinen lässt, denn als im wörtlichen Sinne ›greifbare‹ Person.

Als »#1 Fan«, die diesem Ansatz und seiner Wirkung gefolgt ist, gilt Obediah »Obie« Dziedzic (1951-2017) aus Neptune, New Jersey, die in den Tagen von Steel Mill damit begann, sämtliche Springsteen-Konzerte zu besuchen, und der in der Folge, nachdem Springsteen sie wiedererkannt und kennengelernt hatte, stets zwei Karten in der ersten Reihe zurückgelegt wurden. Später wurde sie zunächst Van Zandts und dann ab 1977 Springsteens Assistentin (und erhielt auf dem *Born in the U.S.A.*-Album einen Credit in der Rubrik »Homework«). Cavicchi konzentriert sich in seiner ethnologischen Studie aber nicht auf solche Sonderfälle, sondern auf Fankultur als Alltagsphänomen, dem er mittels einer ethnographischen Befragung nachgeht: Seine Studie beruht auf einem Fragebogen, in dem die Teilnehmerinnen und Teilnehmer über ihre erste Begegnung mit Springsteens Musik, Konzerterlebnisse, Devotionaliensammlungen und die Bedeutung, die Springsteen in ihrem Leben einnimmt, Auskunft geben. Er stützt sich dabei auf eine Reihe von Interviews, die er als O-Töne dokumentiert, so z. B. mit J. D. Rummel, einem 33-jährigen Helpdesk Manager:

> I identify with Springsteen the man as I understand him through his work. [...] He seems to ask many of the same questions I find myself asking about the world. He is perplexed by the pain he sees, the things we inherit from parents, the need for love that is universal, yet the strange troubles we have finding it and keeping it. He seems to be a very human being who is sharing what he has found on his journey through this life. I have learned much about being alive and living day to day from listening to his input. I feel much like it's a shared journey. (Cavicchi 1998, 40)

Springsteen wird demnach als Künstler erfahren, dessen Musik Lebenserfahrungen zum Ausdruck bringt, die sein Publikum teilt, ohne selbst Worte für sie zu finden. Und er wirkt dabei nicht distanziert, sondern als Wegbegleiter – ein Eindruck, dem sich auch die Formel vom »soundtrack of my life« in vielen Fanaussagen verdankt (vgl. Kleiner 2022, 6). Andere berichten, wie Springsteens Alben ihre Leben verändert oder als »linear narrative of their lives« (Cavicchi 1998, 135) gedient hätten, und manche heben sogar eine therapeutische Bedeutung der Musik hervor, die bis hin zum Umgang mit sexuellem Missbrauch reicht:

> Bruce's music gave me the courage to face my past and deal with the future. It gave me strength to tell my husband and family of the abuse. [...] Whenever I need strength or the pain removed or even just a good time, I put a Bruce tape on. (Ebd., 128)

Daneben stößt man immer wieder auf Fangeschichten, die religiöses Vokabular heranziehen, wenn das Hören eines Songs als ›Bekehrung‹ oder ›Offenbarung‹ beschrieben wird oder die Reise zu einem Konzert, aber auch zu den Wohnhäusern und Clubs, in denen Springsteen gelebt und gespielt hat, als ›Wallfahrt‹. Aussagen wie die eben zitierte rücken das Fanerlebnis aber eher in eine lebenspraktische Richtung, die auch Springsteen selbst im Blick zu haben scheint, wenn er in einem Interview mit Zane Lowe aus dem Jahr 2020 auf die Frage nach seiner Rolle als säkularer Heilsbringer mit einer weitaus nüchterneren Metaphorik antwortet:

> You're a repairman. And the first thing you're trying to do is repair yourself, the places that you've been wounded or hurt or feel empty. And then through doing that you come up with a gift where you can help people repair themselves through your music.

Zeugnisse für solche ›Reparaturen‹ hatten vor *Tramps Like Us* auch schon der *Rolling Stone* (Rolling Stone 1996, 188-191) sowie Eric Alterman in seiner mit einem Zitat aus »Badlands« betitelten Fanbiographie *It Ain't No Sin to be Glad You're Alive* veröffentlicht (Alterman 2001, 239 ff.; vgl. auch Cohen/Sawyers 2019, 11-45). Und 2023 wurde Cavicchis Studie von den Psychologinnen Lorraine Mangione und Donna Luff mit Blick auf die Prozesse des »meaning-making, healing from a range of issues or life events, personal growth, creating the self, identity formation« weiblicher Fans ergänzt (Mangione/Luff 2023, 12). Das rückt einen Aspekt ins Licht, der der identifikatorischen Rezeption von Springsteens Musik zugrunde liegt und auch schon in der Aktion von Monica Deters anklang: die Artikulation von Erfahrungen des Ausgegrenztwerdens, die von Betroffenen als hilfreich und wesentlich wahrgenommen wird. In diesem Sinne widerspricht auch die queer-feministische Publizistin Natalie Adler der Vorstellung, Springsteens Image diene nur Männern als Identifikationsmodell:

> In the same way his protest song »Born in the U. S. A.« has been misread as patriotic, his approach to masculinity has been misread as cis male, when it is in fact too performative to be anything but genderqueer. (Adler 2018)

Springsteens muskelbepackter Auftritt in den 1980er Jahren legt demnach besonders deutlich offen, dass Geschlechterrollen stets Ergebnis von Inszenierung und Konstruktion sind. Und genau deshalb machen seine Songs auch Identifikationsangebote für queere Fans:

> When I listened to Springsteen in my adolescence, I didn't switch the pronouns, and in turn learned something about

> the mutability of gender, the ease with which you could identify with the man singing or the woman to whom he sang, or even that there were more options than those two roles. There was possibility for me in these songs, a possibility of something that looked like equality for all expressions of gender, and permission that if I needed to feel like a gender different than the one I was told to take, I could. There is the possibility for those of us who do not identify as men to hear these songs about, allegedly, straight male desire and still see something of ours in them. (Ebd.)

Diese Wahrnehmung ist nicht zuletzt auf zahlreiche Anspielungen in Springsteens Songtexten gestützt (Fanshel 2013): transsexuelle Charaktere in der karnevalesken Boardwalk-Kultur (»Mary Queen of Arkansas« von *Greetings from Asbury Park, New Jersey*, die »not man enough for me to hate or woman enough for kissing« ist, oder die »boys in them spiked high heels« aus »4th of July, Asbury Park« vom zweiten Album), die im vorigen Kapitel erwähnte Geschlechtsambivalenz der Eigennamen in »Backstreets« oder »Bobby Jean«, aber auch des »lover« in dem Steven Van Zandt gewidmeten Song »No Surrender« auf demselben Album, sowie schließlich die ausdrückliche Liebe zwischen Männern in den Outtakes »This Hard Land« und »My Lover Man« sowie vor allem in »Streets of Philadelphia«.

Und auch Springsteens Konzertauftritte sind nicht frei von solchen homoerotischen Untertönen – etwa, wenn er während »Two Hearts« das Mikrophon mit Steven Van Zandt teilt, vor allem aber in seinem Zusammenspiel mit Clarence Clemons: Nicht nur rutschte Springsteen seit den späten 1970er Jahren am Ende des Songs »Thunder Road«

regelmäßig auf den Knien in Clemons' Arme und nahm dabei deutlich eine weiblich codierte Körperhaltung ein. Er küsste ihn danach auch demonstrativ auf die Lippen – und brach damit mit allen rassistischen und homophoben Tabus der Zeit. Das eigentlich Spektakuläre an diesem doppelten Tabubruch war aber, dass Bruce und Clarence ihre Verbundenheit mit einer solchen Selbstverständlichkeit ausagierten, dass der Kuss – im Unterschied zur Aufmerksamkeit, die etwa demjenigen zwischen Madonna und Britney Spears bei den MTV Video Music Awards 2003 zuteil wurde – zu keinem Zeitpunkt kritisiert oder skandalisiert wurde. Und auch Springsteen selbst leugnete in einem Gespräch mit Brian Hiatt von 2002 jede provokative oder gar politische Absicht: »I never thought about it. I can honestly tell you, I never felt self-conscious about it or gave it any thought. We were just close.« (Hiatt 2020)

All dies legt mithin keinen Schluss auf Springsteens sexuelle Identität und Orientierung nahe. Sehr wohl aber zeigt es, auf welche Weise die genannten Lieder und Gesten Projektionsflächen für queere Fans bieten können. Zu diesen Projektionsflächen gehört auch das Cover von *Born in the U.S.A.*, für das aus der Session mit Annie Leibovitz nicht das durch die Tourplakate ikonisch gewordene Bild von Springsteen mit dem über der Gitarre erhobenen Arm gewählt wurde, sondern dessen Rückansicht in einer engen Jeans mit roter Baseballkappe in der Hosentasche – ein Bild, das nicht nur in die Bars auf Christopher Street (vgl. Springsteen 2016, 326), sondern auch auf ein Cover eines Albums der Village People gepasst hätte.

Selbst wenn man Springsteens Selbstdarstellung als Außenseiter, wie er sie z. B. in seinem Podcast bzw. Buch mit Barack Obama kultiviert, als wenig authentisch empfinden mag, so steht doch sein Selbstverständnis, sich mit marginalisierten Gruppen solidarisch zu zeigen, außer Frage (vgl. Cohen/Sawyers 2019, 163-186). Auf der Neuauflage der *River*-Tour 2016 sagte er auch einmal aus Protest gegen ein neues LGBTQ-feindliches Gesetz des US-Bundesstaats North Carolina ein Konzert in Greensboro ab und erklärte auf seiner Homepage:

> To my mind, it's an attempt by people who cannot stand the progress our country has made in recognizing the human rights of all of our citizens to overturn that progress. Right now, there are many groups, businesses, and individuals in North Carolina working to oppose and overcome these negative developments. Taking all of this into account, I feel that this is a time for me and the band to show solidarity for those freedom fighters.

Springsteens Person und Musik – von »The Promised Land« über »No Surrender« bis zu »Land of Hope and Dreams« –, aber auch solche ausdrücklichen politischen Statements, können auf diese Weise von Fans als Möglichkeit wahrgenommen werden, Gefühlen der Verletzung und Diskriminierung, aber auch der Hoffnung und Lebensfülle, die ansonsten unausgedrückt und vielleicht sogar unbemerkt bleiben, eine Sprache und Stimme zu verleihen – und sich also in seinen Songs und Statements wiederzuerkennen und gesehen zu empfinden.

Das ausführlichste Selbstdokument eines solchen mit Hilfe von Springsteens Musik gebahnten Wegs aus der Erfahrung von Ausgrenzung und Unterdrückung ist die Autobiographie des britischen Journalisten Sarfraz Manzoor, die 2007 unter dem Titel *Greetings from Bury Park: Race, Religion, and*

Rock'n'Roll veröffentlicht wurde – weil ihr Autor tatsächlich im Stadtteil Bury Park von Luton nördlich von London aufgewachsen ist. Als Sohn einer pakistanischen Immigrantenfamilie leidet er dabei gleichermaßen unter den autoritären Prinzipien seines Elternhauses wie unter dem Rassismus, der ihm auf der Straße entgegenschlägt – bis ihn ein Mitschüler in der Schulmensa auf die befreiende Botschaft von Springsteens Musik hinweist: »Bruce Springsteen is a direct connection to everything that is meaningful and significant in life.« (Manzoor 2007, 90) Als sich der sechzehnjährige Sarfraz daraufhin eine Kassette aufnehmen lässt, die »The River« von der Kompilation *Live 1975-85* mit Springsteens ausführlichem Prolog über die Konflikte mit seinem Vater enthält, hat er das Gefühl, nicht nur zum ersten Mal Musik, sondern überhaupt etwas Bedeutsames zu hören:

> Having stumbled in the dark for so long, on that September night I was blinded by the light. Everything significant that I did or achieved in my life in the years that followed had its roots in the emotions I experienced that evening. That night Bruce Springsteen changed my life. (Ebd., 93)

Manzoors Beschreibung ist eine besonders anschauliche Version des erwähnten säkularen Bekehrungsnarrativs – auch wenn das Licht, das ihn blendet, natürlich direkt aus Springsteens entsprechendem Songtitel stammt. Und sie erlaubt es, nachzuvollziehen, auf welche Weise Springsteens Musik – aber auch seine Bühnenansprachen – imstande sind, Erfahrungen seines Publikums Ausdruck zu verleihen. Ein solches identifikatorisches Hören zeigt Manzoor vor allem anhand des Songs »Independence Day«, ebenfalls von *The River*, dessen Titel nicht nur, wie zuvor bereits »4th of July,

Asbury Park«, auf den amerikanischen Unabhängigkeitstag bezogen, sondern auch als Metapher für die Emanzipation von einer Vaterfigur zu verstehen ist.

Dass dies seinerseits autobiographisch geprägt ist, legen Springsteens Bühnenansprachen der 1970er und -80er Jahre nahe, in denen er erzählte, wie sein Vater ihm die langen Haare abschneiden ließ, sein Gitarrenspiel verfluchte und abends Bier trinkend und rauchend in der abgedunkelten Küche nach einer Verbindung zwischen ihnen suchte. Diese stellte sich, folgt man Springsteens Autobiographie, erst am Ende seines Lebens ein – bis zu dem Punkt, an dem Douglas Springsteen auf die Frage seines Sohnes, welche seiner Lieder er am liebsten möge, antwortete: »The ones that are about me.« (Remnick 2012, 44) Und zu diesen Liedern gehört, neben »Adam Raised a Cain«, »Factory« und »My Father's House«, allen voran »Independence Day«, in dem Springsteen zu einem zurückhaltenden Klavierarrangement nach Worten für die düsteren Küchengespräche seiner Jugend sucht:

> Cause the darkness of this house has got the best of us
> And there's a darkness in this town that's got us, too
> But they can't touch me now
> And you can't touch me now
> They ain't gonna do to me
> What I watched them do to you [...]
>
> Now I don't know what it always was with us
> We chose the words, and yeah, we drew the lines
> There was just no way this house could hold the two of us
> I guess that we were just too much of the same kind

Manzoor beschreibt das Lied als unmittelbaren Ausdruck des Verhältnisses zu seinem eigenen Vater: »My father represented the past; that was what he talked about, what he celebrated and what he wanted to preserve.« (Manzoor 2007, 38) Was ihn an Springsteens Song besonders berührt, ist, dass er nicht als Anklage oder Angriff daherkommt, sondern bei aller Entschlossenheit, aus dem elterlichen Gefängnis auszubrechen, Empathie zu artikulieren vermag. Das klingt bereits in den jeweils letzten Versen der beiden eben zitierten Strophen an und dann vor allem in der letzten Strophe und dem abschließenden, modifizierten Refrain:

> Well, Papa, go to bed now, it's getting late
> Nothing we can say can change anything now
> Because there's just different people coming down here
> now and they see things in different ways
> And soon everything we've known will just be swept away
>
> So say goodbye, it's Independence Day
> Papa now I know the things you wanted that you could
> not say
> But won't you just say goodbye it's Independence Day
> I swear I never meant to take those things away

In dieser zweifachen Perspektive auf die Aussichtslosigkeit der Versöhnung und auf das Verständnis für die Verlusterfahrungen des angesprochenen Vaters sieht der junge Sarfraz sowohl seine eigene Verzweiflung als auch sein Unvermögen gespiegelt:

> The realisation that the tension between my father and me was not unique, that it was something as old as time,

something that Springsteen also experienced, was a huge comfort. I was not alone. When my father was driving me insane, I would sing ›Independence Day‹ to myself and imagine I had the courage to say those words to him. I never did. (Manzoor 2007, 42)

Und doch kommt die Lebensgeschichte am Ende zu sich, wenn Manzoor Springsteen am Rande der Tour 1992/93 mehrfach begegnet und ihn 1998 auch persönlich kennenlernt. Im Jahr 2019 wird *Greetings from Bury Park* sogar unter dem Titel *Blinded by the Light* und der Regie von Gurinder Chadha verfilmt, die auf Manzoors Lebensgeschichte aufmerksam wurde, weil sie derjenigen ähnelt, die Chadha 2002 in dem Erfolgsfilm *Kick It Like Beckham* von der fußballbegeisterten Tochter einer indischen Einwandererfamilie erzählt hatte. Und als Manzoor Springsteen während der Produktion dieses Films auf einer Veranstaltung wiederbegegnet, teilt dieser ihm mit, er habe *Greetings from Bury Park* bereits gelesen und Manzoor könne für die Verfilmung gerne Originalsongs verwenden. Auf diese Weise kann die Wirkung von Springsteens Musik auf den im Film Javed genannten Jungen illustriert werden, indem Textzeilen von »Promised Land« in großen Buchstaben an eine Wand projiziert werden, »Born to Run« einen Straßentanz auslöst und »Thunder Road« zum Soundtrack für den Beginn einer Liebesgeschichte wird.

Das Großartige an Manzoors Buch und seiner Verfilmung ist aber nicht nur, dass sie die Intensität, mit der Springsteens Musik auf Fans wirkt, so bild- und lautstark vorführen, sondern dass sie neben der Identifikation mit Springsteen selbst noch ein zweites Angebot machen: die Identifikation mit anderen Fans, insofern man in Manzoors Beschreibung Aspekte und Emotionen der eigenen Fanbiographie wiedererkennen kann. Auf demselben Identifikationsangebot beruht auch das Konzept der wohl beeindruckendsten Darstellung der besonderen Verbindung zwischen Springsteen und seinem Publikum in Gestalt einer Sammlung von O-Tönen: In Baillie Walshs Dokumentarfilm *Springsteen and I* von 2013 werden Fans aus unterschiedlichen Ländern aufgefordert, auf die Frage »What does Bruce Springsteen mean to you?« zunächst in drei Worten zu antworten und dann Höhepunkte ihrer Fangeschichte zu erzählen. Auf die Collage von Begriffen wie »joy«, »passion«, »freedom«, »hope« oder »redemption« folgen so episodenhaften Einzelsequenzen, die von der therapeutischen Wirkung der Musik in Lebenskrisen, der Weitergabe der Liebe zu Bruce an die eigenen Kinder und einer Serie von Konzerterlebnissen à la *Dance with the Boss* erzählen – bis hin zum Zeugnis einer sexuellen Initiation während eines Springsteen-Konzerts.

Einige Szenen bleiben dabei besonders im Gedächtnis, so das Gespräch mit einem Amerikaner mittleren Alters, der beim Autofahren interviewt wird und nach seiner Aussage

> Bruce's lyrics always make me feel like I was going through someone's family photo album and looking at their life and feeling what they felt and smelling their coffee and feeling their sadness, and their triumph

in Tränen ausbricht. Danach erzählen der im dritten Kapitel erwähnte »Philly Elvis« Nick Ferraro auf einer Parkbank in Philadelphia, wie er als »King« mit dem »Boss« singen durfte, sowie der in der Einleitung erwähnte dänische Straßenmusiker mit glühenden Augen von seinem spontanen Auftritt mit Springsteen in der Fußgängerzone von Kopenhagen. Desweiteren sieht man, wie ein junger Mann, der zu einer Show in Boston ein Schild mit der Aufschrift »Hi Bruce. I just got dumped« mitbringt, von Springsteen auf die Bühne geholt, getröstet und vor einer rockigen Version von »I'm Going Down« mit dem Hinweis verabschiedet wird: »I got dumped myself plenty of times. They're regretting it now!« Und ein weiterer Fan berichtet, wie er im New Yorker Madison Square Garden von Springsteens Anweisung an die Ordner profitierte, einzelnen Besuchern mit Karten auf den Oberrängen ein Ticket in der ersten Reihe anzubieten und resümiert sein Erlebnis mit den Worten: »That's what it's like being a Bruce Springsteen fan.« Dieser Satz steht programmatisch für das Gesamtkonzept der Dokumentation, insofern sie es Zuschauerinnen und Zuschauern erlaubt, die Verwandtschaft ihrer eigenen Fangeschichten mit solchen Erlebnissen zu erkennen.

Springsteen and I endet mit einer weiteren Soundcollage, einer Serie von »Thank Yous«, und in dieser Dankbarkeit liegt auch der emotionale Kern des Films: Springsteen wird als Künstler wahrgenommen, der seinem Publikum nicht nur ausgelassene Freude und euphorische Glückszustände, sondern auch lebensbegleitende Stabilität zu vermitteln vermag. Vergleichbares kann man seit 2021 auch den Episoden des Podcasts *That One Lyric* entnehmen, eines Beispiels für das neben ethnographischer Feldstudie, autobiographischem Roman und Dokumentarfilm jüngste Format für O-Töne von Springsteen-Fans: Der Autor und Journalist Ted Canova fragt hier seine Gäste nach den Hintergründen für die Auswahl derjenigen Liedzeile aus einem Springsteen-Song, die ihnen am meisten bedeutet bzw. für einen Wendepunkt ihres Lebens steht. Auch hier trifft man wieder auf zahlreiche Bekehrungs- und Offenbarungsgeschichten. Hinzu kommt aber, dass Canova seine Moderation nicht selten als therapeutisches Gespräch gestaltet – und einige seiner Gäste gehen darauf auch bereitwillig ein. So handelt Episode 2 von der Bewältigung von Suizidwünschen durch eine Zeile aus »I'm a Rocker«. In Episode 23 erzählt Donna Gray, wie sie nach dem Tod ihrer Mutter, mit der sie sonst Springsteen-Konzerte besucht hatte, zunächst zu deren Andenken immer weiter ein zweites Ticket kaufte, das sie vor der Show verschenkte, bevor sie die Webseite brucefunds.org gründete, über die Fans bis heute Tickets an Personen weitergeben können, die sich kein eigenes leisten können. Und in Episode 26 berichtet der frühere Bürgermeister einer Kleinstadt in Florida, wie ihm die Zeile »I'm ready to grow young again« aus »No Surrender« 2020 über eine schwere Covid-Erkrankung hinweghalf – weswegen er auch meint, dass der Song mit Blick auf die überwundene Coronakrise als Konzert-Opener auf der ersten Tour nach der Pandemie gewählt worden sei:

> And what a talent that Bruce has to be able not only to share his heart but to read his audience and to know where they are at a given moment. [...] [He] knows where his audience is and what we need, even when we can't verbalize it, he still delivers for us. And that's why [...] I'm an evangelist for the church of Springsteen.

Diese Formulierung ruft neben einer weiteren der religiösen Modellierungen der Beziehung zwischen Springsteen und seinem Publikum (denen Jeffrey Symynkywicz 2008 sein Buch *The Gospel According to Bruce* gewidmet hat) aufs Neue die Idee einer Verbundenheit von Springsteen-Fans untereinander auf – und auf dieses Gemeinschaftsgefühl zielt *That One Lyric* in erster Linie. Unter Canovas weiteren Gästen findet sich auch wieder Nick Ferraro sowie Jesse Jackson, der seit 2015 den Podcast *Set Lusting Bruce* produziert, für den er bereits weit mehr als 1000 Personen zu ihren Fan-Biographien und Konzerterlebnissen interviewt hat.

Die Bedeutung, die Springsteens Musik, Auftritten und Aussagen in diesen und zahlreichen weiteren Fan-Podcasts beigemessen wird, beruht auf den bis hier angeführten Aspekten: Sie wird als lebenspraktische Orientierung, therapeutische Begleitung und alle gesellschaftlichen Gruppen inkludierende Botschaft wahrgenommen. Hinzu kommt, dass dies immer wieder als wechselseitige Bezugnahme zwischen Künstler und Publikum beschrieben wird. Ein bewegender Beleg hierfür ist Springsteens Reaktion auf diejenigen Todesanzeigen von Opfern der Terroranschläge vom 11. September 2001, in denen zu lesen war, dass die betroffenen Büroangestellten bzw. Feuerwehrleute lebenslange Fans seiner Musik gewesen seien – so z. B. Jim Berger, über den am 5. November 2001 in der *New York Times* zu lesen war: »He grew up in Bruce Springsteen country along the Jersey Shore and never listened to anything else.« Springsteen sah diese Nachrufe und griff nach der Lektüre in einigen Fällen zum Telefon – so rief er Bergers Witwe ebenso an wie Stacey Farrell, deren Ehemann Joe als Feuerwehrhauptmann in einem der Türme ums Leben gekommen war und die berichtet:

> I was home alone and, uh, heavily medicated. I picked up the phone, and a voice said: »May I please speak to Stacey? This is Bruce Springsteen.« We talked for 40 minutes, and after I got off the phone with him, the world just felt a little smaller. I got through Joe's memorial and a good month and a half on that phone call. (Tyrangiel/Carcaterra 2002)

Diese berührenden Gesten standen allerdings zugleich im Dienst von Springsteens Arbeit an seinem Album *The Rising*, das für Songs wie »Your Missing« oder »Into the Fire« die Berichte seiner Gesprächspartnerinnen unmittelbar aufgriff. Und sie tragen – sobald man sie, wie hier, öffentlich macht – unweigerlich zu Springsteens öffentlichem Image und Publicity bei. Die Frage, wie authentisch Springsteens Bedürfnis gewesen ist, den Hinterbliebenen seiner Fans zu kondolieren, ist wohl kaum zu beantworten und daher auch nicht sinnvoll zu stellen. Sehr wohl kann man aber die immense Wirkung dieser persönlichen Ansprache auf die Betroffenen ermessen: So imaginär die Vorstellung einer tatsächlichen Beziehung zwischen Springsteen und seinem Publikum auch sein mag, so real sind doch das Gefühl einer solchen Verbundenheit auf Seiten der Fans wie auch die Bedeutung, die der Musik für die jeweiligen Biographien zukommt. Und zugleich ist diese Bedeutung etwas, das der Künstler seinerseits registriert und als Basis seiner eigenen Arbeit empfindet, selbst wenn sie auf bloßen Projektionen des Publikums beruhen sollte. So sagte Springsteen in einem Interview mit Neil Strauss von 1995: »I think every fan creates an image of you in his or her head that may not be totally accurate.« Er fügte aber hinzu: »I think that the pressure to be grounded – and for fans to feel like you're speaking to them – is good.« (Phillips/Masur 2013, 176)

Auf diesem Wissen um die Bedeutung für die Fans, nicht auf einer konkreten Konversation oder Ersatzreligion, beruht die Wechselseitigkeit der Beziehung zwischen Springsteen und seinem Publikum. Die Kommunikation zwischen Fan und Künstler besteht in der beiderseitigen Wahrnehmung, dass die jeweils andere Seite den fraglichen Kontakt und Austausch erlebt: Fans fühlen sich von Springsteen angesprochen, weil sie ihm ein Mitteilungsbedürfnis unterstellen, und Springsteen fühlt sich mit seinen Fans verbunden, weil er die Erwartung und das Erlebnis einer solchen Ansprache wahrzunehmen glaubt. Wenn aber Springsteens Texte, Auftritte, Aussagen und Gesten vor dem Eindruck einer solchen Erwartungshaltung auf Seiten des Publikums getätigt werden, dann ist dieses Publikum nicht nur Adressat seiner Musik: Indem der Künstler diese Erwartung eines kommunikativen Austauschs in Rechnung stellt, trägt sein Publikum mit zur Entstehung dieser Musik bei. Fan zu sein, bedeutet also nicht nur, sich angesprochen zu fühlen, sondern auch, dieses Gefühl wiederum in eine Rückmeldung an den Künstler zu verwandeln, durch die es an Realität gewinnt und Effekte zeitigt. Und Künstlerin oder Künstler zu sein, bedeutet umgekehrt, bei der Produktion von Kunst diesen Wirklichkeitsbezug des Publikums in Rechnung zu stellen: »I got the chutzpah […] to believe that if I write a really good song about it, it's going to make a difference. It's going to matter to somebody, you know?« (Phillips/Masur 2013, 350)

Damit bin ich am Kern der Geschichte, die dieses Buch erzählt, angelangt: Der Eindruck einer Kommunikation zwischen Springsteen und seinem Publikum entsteht, weil beide Seiten der jeweils anderen den Wunsch nach einem solchen Austausch zuschreiben und sich entsprechend verhalten. Und unweigerlich komme ich damit auch bei meiner eigenen Geschichte als Fan an, deren O-Ton dieses Buch nicht zuletzt auch ist. Zwar habe ich weder extreme Erfahrungen von Ausgrenzung und Diskriminierung noch existentielle Lebenskrisen erlebt, die in den zitierten Zeugnissen von Fans als Anhaltspunkt für ihre enge Verbindung mit und Dankbarkeit gegenüber Springsteen angeführt werden. Aber Fantum ist als Massenphänomen immer auch Teil des Alltags mit seinen kleiner dimensionierten Herausforderungen und Emotionen. Und jenseits der großen Wendepunkte ist das Erleben von Musik als beständige und verlässliche Leitplanke eines Lebenslaufs nicht minder bemerkenswert: Ob man einen Springsteen-Song mit Situationen assoziiert, in denen man ihn schon einmal gehört hat, einzelne Liedzeilen mit anders schwer zu fassenden Empfindungen, den Sound der E Street Band mit energetisierenden Schüben oder Springsteens Stimme, ob gesungen oder gesprochen, mit Vertrautheit, Tiefe und Verlässlichkeit – Fansein beruht auf Wiederholungen, die dennoch immer wieder aufs Neue erlebt werden und so eine biographische Konstante erzeugen, die zugleich stabilisierend und inspirierend wirkt.

Man kann all das, wie gesagt, als regressive oder kompensatorische Wunschvorstellung abtun. Geht man aber von der kommunikativen Dimension von Popmusik aus, dann handelt es sich bei derartigen Empfindungen weniger um eine individuelle Disposition als um ein soziales Phänomen: die Verbundenheit mit einem Künstler einerseits, mit den vielen anderen Fans andererseits. Und diese soziale und kommunikative Basis des Fantums bedeutet auch, dass sein Grund nicht nur im Charisma der Person des Künstlers oder der Qualität seiner Musik verortet werden muss. Einige von Springsteens Stücken – »Thunder Road«, »Backstreets«, »Born to Run«, »Jungleland« – gehören fraglos zu den ambitionierteren Kompositionen der Rockgeschichte. Andere – »Racing in the Street«, »Tougher than the Rest«, »Long Walk Home«, »I'll See You In My Dreams« – wirken dagegen beim ersten Anhören unauffällig und beziehen Wirkung und Atmosphäre aus einem eher schlichten Aufbau und Arrangement. Möglicherweise beruht Springsteens langjähriger und breiter Erfolg auf einer besonderen Mischung und Balance zwischen diesen beiden Polen – musikalische Vielfalt und alltägliche Wiedererkennbarkeit, energiegeladene Präsentation und kontemplative Reflexion, sangbare Melodien und Metaphern der Gebrochenheit. Für mich jedenfalls ist Springsteen meist weniger in seiner Rolle als Animateur und Volkstribun am einnehmendsten, sondern wenn seine Musik, seine Performance und seine Aussagen Brüche und Unausgesprochenes anklingen lassen und beim Versuch, in Verbindungen mit einem Publikum zu treten, auch die Grenzen und Hürden dieser Bemühung spürbar machen.

Deshalb scheint mir auch das Programm, Popmusik als Kommunikation zu verstehen, um so wirkungsvoller, je weniger es als Gemeinschaftserlebnis gefeiert wird und je mehr es den prekären Abgrund zwischen den Kommunikationspartnerinnen und -partnern kenntlich macht. Auch für diese Wahrnehmung gibt es einen Springsteen-Song, der beim ersten Hören die Intensität des Wunsches nach musikalischer Kommunikation in den Vordergrund zu rücken scheint, beim zweiten aber vor allem die Fragilität und Ortlosigkeit dieses Wunsches zum Ausdruck bringt – das Eröffnungsstück »Radio Nowhere« vom Album *Magic* aus dem Jahr 2007:

I was tryin' to find my way home
But all I heard was a drone
Bouncing off a satellite
Crushin' the last lone American night

This is radio nowhere
Is there anybody alive out there?

Die Stimme, die hier singt, versendet ihre Botschaft aus einem Nirgendwo und erlebt Kommunikationstechnologien als etwas, das Isolation und Einsamkeit erzeugt. Während es im Jahr 1984 in dem Song »Bobby Jean« noch geheißen hatte: »There'll be a radio playing and you'll hear me sing this song«, ist der Versuch, »to make a connection with you«, wie Springsteen in der letzten Strophe von »Radio Nowhere« singt, hier ebenso offen wie die Antwort auf die Frage, ob es jenseits des dröhnenden Echos der Massenmedien noch Leben »out there« gebe.

Die Frage »Is there anybody alive out there?« hatte Springsteen seinem Publikum in den Jahren zuvor bereits regelmäßig zu Beginn seiner Konzerte gestellt. Während er dort aber eine tausendstimmige Antwort erhielt, bleibt diese aus, wenn Musik im Studio aufgenommen und über Satelliten- oder Radioantennen versendet wird. »Radio Nowhere« umreißt auf diese Weise präzise die Situation, dass Popmusik auf Technologien angewiesen ist, um ein großes Publikum zu erreichen, es durch diese Technologien aber zugleich radikal von ihrem Urheber trennt, so dass die amerikanischen Nächte vor und hinter dem Radiogerät für beide, Künstler wie Publikum, umso einsamer und isolierter sind, je lauter der Widerhall der Satelliten ist.

Aber wie die Beispiele und Geschichten in diesem Buch zeigen, kann doch an jedem dieser Pole für sich Austausch wahrgenommen und erlebt werden. Auf diese Weise bleibt daher auch »Radio Nowhere« Teil des emphatischen Versuchs von Rock'n'Roll-Musik, die Grenzen, die der Kommunikation zwischen Künstler und Publikum gesetzt sind, zumindest für den Augenblick, in dem sie erklingt, zu überwinden. Die Antwort des Publikums besteht dabei dann weniger in einer ausdrücklichen Bejahung der Frage nach dem Leben als in der Wahrnehmung, dass das Stellen dieser Frage selbst als belebendes Moment empfunden werden und dazu führen kann, den Song noch einmal zu hören, das nächste Konzert zu besuchen und sich mit anderen Fans über die mit alledem verbundenen Empfindungen auszutauschen. Kommunikation findet nicht allein dadurch statt, dass ein Funksignal aus dem Nirgendwo versendet wird, sondern erst, wenn dieses Signal als Appell wahr- und ernst genommen wird, auf das Gehörte zu reagieren. Und wenn ein Künstler wie Bruce Springsteen diesen Appell über den medienvermittelten Abgrund hinweg in der Erwartung artikuliert, dass sein Publikum bereit ist, ihn anzunehmen, ist Rock'n'Roll Kommunikation: »The interaction with the community is the real reward.« (Phillips/Masur 2013, 134)

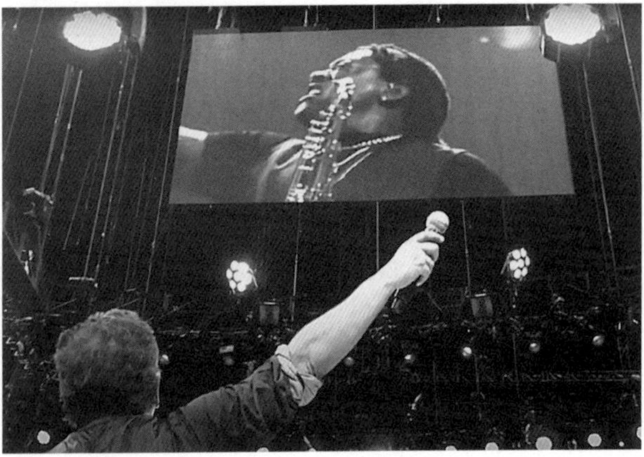

7 »They're here«

Geister beschwören

East Rutherford, New Jersey, 3. September 2023. Bruce Springsteen und die E Street Band sind nach der Europatour in die USA zurückgekehrt und spielen im MetLife Stadium in ihrem Heimatstaat drei Shows. Was beim letzten dieser drei Auftritte noch niemand wissen kann ist, dass es zugleich das Abschlusskonzert des gesamten Jahres und der Tour bis hierhin sein wird: Am Tag darauf wird bekannt, dass Springsteen seit Wochen an einem Magengeschwür leidet und zuletzt unter starken Schmerzen aufgetreten ist. Nachdem er deswegen bereits in den Wochen davor einige Konzerte hatte absagen müssen, folgt er nun dem Rat der Ärzte und verschiebt sämtliche bis Mitte Dezember geplanten Auftritte auf Frühjahr und Sommer 2024.

Das Konzert in East Rutherford, seit der *River*-Tour Schauplatz vieler legendärer E Street Band-Shows in der benachbarten Brendan Byrne Arena, ist also ein Schlusspunkt oder zumindest eine Zäsur. Und vielleicht hätte man das schon während des Abends merken können: Wie um der Kritik an der allzu statischen Setlist der Tour zu begegnen, nimmt Springsteen für sein Heimpublikum Raritäten wie »Two Hearts«, »Something in the Night«, das »Detroit Medley« oder ganz zum Schluss das Tom Waits-Cover »Jersey Girl« ins Programm, für das zum ersten Mal »I'll See You in My Dreams« als Abschlusssong entfällt. Vor allem aber ist »Jungleland«, das fast zehnminütige Epos von *Born to Run*, das zuvor erst einmal auf der Tour erklungen war, ein Höhepunkt des Konzerts: Springsteen gibt mit ausgebreiteten Armen und dem Rücken zum Publikum den Einsatz zu Soozie Tyrells

Violinenintro, beginnt zu Roy Bittans Klavierbegleitung die Geschichte von »Magic Rat« zu erzählen, der – unter dem Jubel des Publikums – »over the Jersey state line« fährt und in der großen Stadt ein »barefoot girl« trifft, mit dem er, wie man zu vollem Bandeinsatz hört, von den »Maximum Lawmen« durch den mitternächtlichen Dschungel Manhattans gejagt wird. Ein Gitarrensolo von Steven Van Zandt sowie eine Bridge später positioniert sich dann Jake Clemons an Springsteens Seite und setzt zum Höhepunkt des Stücks an, einem fast dreiminütigen Saxophonsolo, das in seinen ausladenden Phrasen eine eigene Version der Geschichte erzählt, die dann mit der beinahe flüsternd vorgetragenen abschließenden Strophe des Songs in einen »death waltz« mündet.

Während Klavier und Violine am Ende des großen Solos zu dieser Coda überleiten, geht Springsteen zu Jake Clemons hinüber, um ihn zu umarmen. In dieser Geste steckt ein Stück Bandgeschichte. Denn das Saxophonsolo von »Jungleland« ist nicht nur das längste und elaborierteste in Springsteens Katalog. Es war während der Aufnahmen zu *Born to Run* auch einer der am schwierigsten zu fassenden Bausteine des Albums, an dem Clarence Clemons tagelang feilte, bis Springsteen ihm den erwünschten Melodiebogen Note für Note vorsang. Das Sinnbild des Mythos der E Street Band, wie es auf dem im zweiten Kapitel besprochenen Plattencover von *Born to Run* erscheint (und das für das Logo der *Reunion*-Tour 1999 sowie für das Eingangsbild des Halftime-Show-Auftritts beim Superbowl 2009 jeweils modifiziert aufgegriffen wurde), hat seine Wurzeln auch in dieser gemeinsamen Arbeit an einem Solo, das in den folgenden Jahrzehnten zum Markenzeichen des ›Big Man‹ werden sollte.

Doch dann starb Clarence Clemons im Juni 2011 an den Folgen eines Schlaganfalls – sein größtes Solo hatte er zum letzten Mal am 20. November 2009 in Baltimore, Maryland, gespielt. Mehr noch als nach dem Tod von Organist Danny Federici im April 2008, der für die laufende *Magic*-Tour von Charlie Giordano aus der Seeger Sessions-Band ersetzt wurde, war ungewiss, wie die Band diese Lücke füllen würde. Springsteen hatte an Clemons' Sterbebett gesessen und gesungen und in seiner Autobiographie bekannt: »Clarence was elemental in my life and losing him was like losing the rain.« (Springsteen 2016, 475; vgl. aber schon Stewart 2012, 44) Und in seiner Trauerrede auf Clemons' Beerdigung am 21. Juni 2011 in Palm Beach, Florida, sagte er:

> Clarence was big, and he made me feel, and think, and love, and dream big. How big was the Big Man? *Too fucking big to die.* Clarence doesn't leave the E Street Band when *he* dies. He leaves when *we* die. So, I'll miss my friend, his sax, the force of nature his sound was, his glory, his foolishness, his accomplishments, his face, his hands, his humor, his skin, his noise, his confusion, his power, his peace. But his love and his story, the story that he gave me, that he whispered in my ear, that he allowed me to tell ... and that he gave to *you* ... is gonna carry on ... (Springsteen 2011)

Und da es tatsächlich weitergehen sollte, Clemons sich aber auch als *too big to be replaced* erwies, engagierte Springsteen für die *Wrecking Ball*-Tour 2012 ein fünfköpfiges Bläserensemble, die »E Street Horns«, zu denen auch Clemons' Neffe Jake gehörte. Damit war zugleich ein Zeichen für Clemons' Unersetzbarkeit wie eines der Kontinuität gesetzt, und Jake fand sich zunehmend in seine Rolle und bewegte sich nach und nach auch nach vorne an den angestammten Platz seines Onkels auf der Bühne rechts neben Bruce. Aber erst nach vier Monaten wagte sich die Band am 28. Juli 2012 bei der vorletzten Zugabe in Göteborg zum ersten Mal wieder an »Jungleland« heran, das Springsteen mit der Widmung »This is for the Big Man« einleitete. Den innigen Moment zwischen dem Freund und dem Neffen des großen Mannes am Ende des Solos und dann noch einmal des ganzen Songs, zu dem Jake jeweils sein Instrument in einer Geste der Widmung in den Abendhimmel reckte, kann man auf YouTube nachempfinden.

Das Wiederaufgreifen eines Songs, der für Fans immer mit Clarence Clemons verbunden bleiben wird, war insofern konsequent, als die *Wrecking Ball*-Tour insgesamt dem Gedenken der verlorenen Bandmitglieder gewidmet war. Bereits 2008 hatte Springsteen das erste Konzert nach Danny Federicis Tod am 22. April in Tampa, Florida, mit einer emotionalen Version der Freundschaftshymne »Backstreets« begonnen, während derer das erhöhte Podest mit der unbesetzten Orgel von einem Scheinwerfer angestrahlt wurde. Auf der Tour 2012 machte er dann bei jeder Show während des Schlusssongs »Tenth Avenue Freeze-Out« nach dem Vers »When the change was made uptown / And the Big Man joined the band« eine minutenlage Pause, während derer ab April auf Videoleinwänden auch Bilder seines Freundes gezeigt wurden, denen sich Springsteen mit in die Höhe gerecktem Mikrophon zuwandte. Dasselbe Gedenkritual wiederholte sich auf allen folgenden Touren, bei denen dann auch Bilder von Danny Federici hinzukamen – bis hin zur Show am 3. September 2023 in East Rutherford, bei der Springsteen noch einmal zu seinen vormaligen Weggefährten aufsieht. Und auch wenn er dieses eine Mal nicht »I'll See You in My Dreams« folgen lässt, das diesen Gedenkmoment bis hierhin stets vertieft hatte, steht der vorläufige Abschluss der

Tour ganz im Zeichen des Themas und narrativen Bogens, den bereits das Album *Letter to You* mit demselben Schlusssong entworfen hatte: der Erinnerung an frühe musikalische Freundschaften und der Erfahrung von Vergänglichkeit, Verlust, Trauer und Beständigkeit. Damit ist Springsteen, dessen Alben sich von Beginn an als Abfolge von Reflexionen über zentrale Lebensphasen hören lassen, auch im übertragenen Sinne bei den letzten Dingen angelangt:

> I got your guitar
> Here, by the bed
> All your favorite records
> And all the books that you read
> And though my soul feels like it's been split at the
> seams
> I'll see you in my dreams

Wie ich zum Abschluss dieses Buchs zeigen möchte, gehört auch dieser Fokus des Albums wie der anschließenden Tour zu Springsteens Verständnis von Popmusik als Kommunikation. Darauf verweist bereits, dass Springsteen seine persönliche Trauer öffentlich hörbar und sichtbar macht. Hinzu kommt aber vor allem, dass er sein Publikum in diesen Trauerprozess mit einbezieht. So hatte er bereits 2012 auf der *Wrecking Ball*-Tour in den Song »My City of Ruins« eine Pause eingebaut, die er für die Bandvorstellung nutzte – oder, wie er es nannte, für einen »roll call«, der offenlegen werde, »who's in the house and who is missing.« Und tatsächlich stellte er, nachdem er alle auf der Bühne anwesenden Bandmitglieder aufgerufen hatte, wiederholt die Frage »Are we missing anybody?« Mitunter fügte er aber auch ausdrücklich hinzu: »Are you missing anybody? Then think of who you're missing and let them stand alongside of you for a minute.« Und die darauf folgende Pause beschloss seine in den Song zurückleitende Zusicherung: »They're here. Now let me hear them in your voices!«

Indem das Publikum dieser Aufforderung folgt und den musikalischen Spannungsaufbau beim Übergang zur letzten Strophe lautstark begleitet, wird das Konzert an dieser Stelle zu einem nicht nur kathartischen, sondern nahezu spiritistischen Gedenkritual (vgl. Remnick 2012). Und Springsteen setzt einmal mehr das zentrale Mittel ein, durch das seine Musik so kommunikativ zu wirken vermag: eine persönliche Betroffenheit so zu formulieren, dass sie zugleich auf Empfindungen der Zuhörerinnen und Zuhörer übertragbar bleibt – wenn sie diese Empfindungen nicht sogar allererst kanalisiert und an die Oberfläche treten lässt. Denn Danny und Clarence fehlten nicht nur der Band, sondern auch all denen im Publikum, die sie über Jahre oder Jahrzehnte als Bestandteile dieser Band erlebt und geschätzt haben. Und von dieser im öffentlichen Raum erlebten Verlusterfahrung leitet Springsteens Ansprache über zu Verlusterfahrungen, die sein Publikum im Privaten gemacht haben mag und mit der es an die auf der Bühne thematisierte Trauer anschließen kann. Auf diese Weise stellt die öffentlich inszenierte Trauerarbeit eine Verbindung zum Persönlichen und Privaten des Publikums her.

Wenn Springsteen auf der Grundlage dieser geteilten Trauer aber in der Unterbrechung von »My City of Ruins« schließlich verkündet: »If you're here and we're here, they're here«, geht er noch einen Schritt weiter: Er beschwört nicht nur, wie während der *Reunion*-Tour 1999/2000, im Stile eines Gospelpredigers die Gemeinschaft zwischen der E Street Band und ihrem Publikum, sondern erklärt die Fortsetzung von deren Austausch zur Möglichkeit, die Toten weiter präsent und als Teil der Gemeinschaft zu erhalten. Auf diese Weise ist Springsteens Totenbeschwörung weniger ein spiritistisches Ritual, sondern auf die konkrete Konzertsituation bezogen: Solange das Publikum noch Konzerte der Band besucht, solange geht deren Geschichte weiter und bleibt das Andenken der Verstorbenen erhalten.

In diesem Sinne ist auch Springsteens Einleitung zu »My City of Ruins« während eines Konzerts in Chicago am 8. September 2012 zu verstehen – dem Song, den er 2000 zunächst angesichts des Niedergangs seiner Wahlheimat Asbury Park geschrieben hatte, der dann aber nach dem 11. September 2001 zur Keimzelle des Albums *The Rising* werden sollte:

> This is a song that started out as a piece about my adopted home town trying to get back on its feet. Since then, it's become about a lot of other things, and tonight it's about ghosts. That's what we've been talking about tonight. The older you get the more ghosts are in your life. And when you're a child, you know, it's something they teach you to be frightened of. But as you get older, you realize that those ghosts are a blessing, that they are your companions. They are all the pieces of your memory and your experience. And they are all the things that remain with you.

Während man sich als Kind noch vor Geistern fürchtet, begrüßt man sie im Alter als die einzig verbliebene Gestalt, in der die Toten noch präsent sein können. Und tatsächlich kann man auch in Springsteens Musik die Gespenster nicht nur bis zum Beginn zurückverfolgen, sondern auch den Wandel ihrer Erscheinung und Funktion im Laufe der Jahre bzw. Alben nachvollziehen, insofern letztere, wie bereits im ersten Kapitel angedeutet, für die verschiedenen Lebensphasen von der Pubertät bis zur überwundenen Midlife Crisis stehen: In »Thunder Road« waren die »ghosts« noch »in the eyes / Of all the boys you sent away« zu sehen gewesen, in »Fade Away« auf *The River* »out on the street« gestrandet oder in »My Father's House« auf *Nebraska* als unheimliche Stimmen über den Feldern zu hören. Schon in »Atlantic City« auf demselben Album klang aber in dem Vers »maybe everything that dies some day comes back« ein positiveres Verständnis des Phänomens an. Diese Umwertung wurde mit *The Ghost of Tom Joad* Mitte der 1990er Jahre fortgesetzt, insofern die Titelfigur bei John Steinbeck für die Heimsuchung einer ungerechten Welt durch den Geist der Gerechtigkeit steht. Und mit der *Wrecking Ball*-Tour wurden die Geister in Springsteens Erinnerung an diejenigen, die fehlen, vollends zu einer tröstlichen Begleitung der Lebenden.

Von dieser Funktion war aber auch schon das dieser Tour zugrunde liegende Album geprägt: So hatte Springsteens neuer Produzent Ron Aniello in den Song »Land of Hope and Dreams« das Saxophonsolo aus einer Live-Version mit Clarence Clemons einmontiert, so dass dieser – sehr zu Springsteens Überraschung und Rührung (Stewart 2012, 41) – auch nach seinem Tod auf dem neuen Album zu hören war. Insofern *Wrecking Ball* aber, wie im fünften Kapitel gezeigt, auch ein wütender Protest gegen die Auswüchse neoliberalen Wirtschaftens war, beschwor Springsteen die Geister zudem in einem politischen Sinne, wenn er im letzten Song, »We Are Alive«, Opfern von Arbeitskämpfen, Rassenunruhen und Migration eine Stimme verlieh:

> A voice cried I was killed in Maryland in 1877
> When the railroad workers made their stand
> I was killed in 1963

> One Sunday morning in Birmingham
> I died last year crossing the southern desert
> My children left behind in San Pablo
> Well they've left our bodies here to rot
> Oh please let them know
>
> We are alive
> And though we lie alone
> Here in the dark
> Our souls will rise
> To carry the fire and light the spark
> To fight shoulder to shoulder and
> Heart to heart

Und in seinen Konzerten leitete er diesen Song mit einer Ansprache ein, die die Beschwörung der Toten nicht aus persönlicher Trauer vollzog, sondern auch in den Dienst einer historischen und politischen Gerechtigkeit stellte. So hörte ich etwa am 27. Mai 2012 in Köln:

> When I was finishing the Wrecking Ball album, I was looking for an ending, and I realized, there wasn't really going to be an ending on that record. There were no happy endings to be found. And I realized, I needed a song that was a ghost story. A song, where the voices of the dead talk to and inform the voices of the living and that goes on generation after generation as people struggle on. There's voices all around us, talking to us about their sacrifices.

Und einige Monate darauf ergänzte er eine ähnliche Einleitung während einer Show in Helsinki mit dem Hinweis: »There's also a piece of Clarence in there. And Danny.«

In dieser Beschwörung der Geister der Toten zusammen mit seinem Konzertpublikum und durch die Verbindung persönlicher und politischer Elemente lassen sich in Springsteens Erinnerung an die Verstorbenen alle bis hierhin behandelten kommunikativen Elemente seiner Musik wiederfinden: erstens das Aufgreifen musikalischer Einflüsse, wenn er in der Ansprache während »My City of Ruins« Sam Cookes »Sad Mood« zitiert oder »We Are Alive« um das markante Mariachi-Riff von Johnny Cashs »Ring of Fire« herum aufbaut; zweitens die Intensität seiner Interaktion mit dem Konzertpublikum, das er in die Prozesse des Trauerns und Erinnerns mit einbezieht; drittens das Erzählen von Geschichten in den, aber ebensosehr vor einem bzw. während eines Songs, die von vergangenem Unrecht handeln, aber zugleich einen Bezug zwischen dem Songtext und einem gegenwärtigen Anlass herstellen; viertens die politische Dimension dieses Geschichtenerzählens und fünftens das Angebot, all diese Element auf eigene Erfahrungen beziehen zu können: »Are you missing anybody?«

Auch im Sinne einer solchen Zusammenfassung des Programms, Popmusik als Kommunikation zu verstehen, bilden Springsteens Totenbeschwörungen die letzte Station meines Versuchs, den besonderen Stellenwert seiner Musik und öffentlichen Person im zurückliegenden halben Jahrhundert zu beleuchten. Sie lassen sich bis 2007 zurückverfolgen, als Springsteen seinem Album *Magic* als Bonustrack »Terry's Song« in Erinnerung an seinen verstorbenen Freund und Assistenten Terry Magovern hinzufügte. In ähnlicher Manier war 2009 der Song »The Last Carnival« auf *Working on a Dream* Danny Federici gewidmet und 2012 standen wie gesehen »Land of Hope and Dreams« und »We Are Alive« im Zeichen des Gedenkens an Clarence Clemons. Auf *High*

Hopes schließlich veröffentlichte Springsteen zwei Jahre darauf einen Song in Erinnerung an sein frühes Idol aus der Musikszene von New Jersey, den Frontmann der Band The Motifs, Walter Cichon, der – so wie Bart Haynes, der Schlagzeuger aus Springsteens erster Band The Castiles – in Vietnam gefallen war. »The Wall« verbindet den Blick auf die in die große schwarze Wand des Vietnam Veterans Memorial in Washington, D.C., eingravierten Namen der Gefallenen mit einer Anklage gegen die Folgenlosigkeit ihres Sterbens für diejenigen, die für den Krieg verantwortlich waren:

> Your high boots and striped T-shirt, Billy you looked so bad
> You and your rock-n-roll band you were the best thing this shit town ever had
> Now the men who put you here eat with their families in rich dining halls
> And apology and forgiveness got no place here at all at the wall

Wie man in Springsteens Autobiographie lesen kann, ist dieser Blick auf die Memorial Wall auch verbunden mit dem Schuldgefühl des Überlebenden, nachdem Springsteen selbst bei seiner Musterung erfolgreich den psychisch instabilen Hippie gemimt hatte:

> As I grew older, sometimes I wondered who went in my place. Somebody did. What was his fate? Did he live? I'll never know. [...] All I know is when I visit the names of my friends on the Wall in Washington, DC, I'm glad mine's not up there [...]. (Springsteen 2016, 103)

Vielleicht gehören auch schon die Verse »Inside I felt like I was carryin' the broken spirits / Of all the other ones who lost« aus »The Promise« von 1976 in diesen Zusammenhang. Sein Album *Letter to You* konzipierte Springsteen 2020 jedenfalls gänzlich als Totengedenken eines Überlebenden: Als George Theiss im Juli 2018 starb, wurde Springsteen zum letzten noch lebenden Mitglied der Castiles, jener Band, in die ihn Theiss im Jahr 1965 eingeladen hatte. Auf diese Weise wurde der Song »Last Man Standing« zur Keimzelle des Albums, auf dem Springsteen an musikalische Weggefährten erinnert und den E Street-Sound der 1970er Jahre wieder aufleben lässt. Beides, die Erinnerung an die Verstorbenen wie an die gemeinsame Musik, konvergiert und kulminiert im drittletzten Track des Albums, dessen Titel das Motiv der die Lebenden umgebenden »Ghosts« aufgreift und dessen wuchtiges Gitarrenriff die Kraft, die aus ihrer Anwesenheit fließt, spürbar werden lässt. Und so mündet die Beschwörung der Geister der Toten im Refrain in eine positive Antwort auf die am Ende des vorigen Kapitels zitierte Frage aus »Radio Nowhere«, ob noch jemand am Leben sei:

I hear the sound of your guitar
Comin' in from the mystic far
The stone and the gravel in your voice
Come in my dreams and I rejoice

It's your ghost
Moving through the night
Your spirit filled with light
I need, need you by my side
Your love and I'm alive

Druckmaschinen AG

I can feel the blood shiver in my bones
I'm alive and I'm out here on my own
I'm alive and I'm comin' home

Diese Verse spannen den Bogen von Springsteens Anfängen als Schulbandgitarrist bis in eine Gegenwart, die sich immer noch als Fortsetzung dieser Anfänge versteht. »Ghosts« und *Letter to You* insgesamt sind ein Bekenntnis, dass die Lebendigkeit dieser Gegenwart ohne die Gegenwart der Geister der Vergangenheit nicht möglich wäre. Und das gilt nicht nur für musikalische, sondern auch für alle anderen Geister, die ein Leben prägen und heimsuchen. Im Jahr nach dem Erscheinen von *Letter to You* resümierte Springsteen seine diesbezüglichen Erfahrungen im Podcast bzw. Buch mit Barack Obama, *Renegades. Born in the USA,* ausgehend von seiner Familiengeschichte, aber durchaus verallgemeinerbar:

> [W]e end up wrestling with ghosts. The trick is you have to turn your ghosts into ancestors. Ghosts haunt you. Ancestors walk alongside you and provide you with comfort and a vision of life that's going to be your own. My father walks alongside me as my ancestor now. It took a long time for that to happen. (Obama/Springsteen 2020, 208)

Wenn Springsteen seinem Publikum »Come on, rise up!«, »Is there anybody alive out there?« oder »Are you missing anybody?« zuruft, dann geht es um dieselbe Umwandlung von Geistern der Vergangenheit in etwas, das als Begleitung und Unterstützung dienen kann. Und wenn diese Geister in den Stimmen der Anwesenden erklingen – »let me hear them in your voices« –, dann sind es die Konzerte selbst, die zum Schauplatz einer solchen Transsubstantiation werden. Auch

in diesem Sinne ist der Austausch, den Bruce Springsteen seit über fünf Jahrzehnten mit seinem Publikum unterhält, nicht nur eine Besonderheit seiner Karriere, sondern tatsächlich einer, der eine ganze Lebensspanne umfasst – und über diese hinausgeht.

Kurz nach der Veröffentlichung von *Letter to You* und *Renegades* hat Bruce Springsteen seine Broadway-Show noch einmal für einen Sommer aufgelegt. Ich habe sie damals zwar nicht sehen, aber zumindest auf Twitter hören können, wie der bisherige Schlusssong »Born to Run« durch »I'll See You in My Dreams« ersetzt wurde – das Lied, das ganz dem Gespräch mit den Toten gewidmet ist. Und in der Geschichte, die Springsteen vor diesem Lied erzählte, beschwor er noch einmal nachdrücklich die Geister und die Präsenz der Vergangenheit. Es ist die Geschichte des großen Baums, der seit Springsteens Kindheit vor seinem Elternhaus in der Randolph Street in Freehold, New Jersey, gestanden hatte, mit der auch seine Autobiographie einsetzt. Als er aber eines Tages noch einmal durch die Randolph Street fährt, muss er feststellen, dass sein Baum verschwunden ist. Und in die raumgebende Stille seines Auditoriums hinein erzählt Springsteen mit gedämpfter Stimme weiter:

> It felt eternal. It was in the center of the street, rooted the whole neighborhood, it was the little street's most distinguishing feature, and I stood there for a while. It was gone, but then it also felt that some essential piece of it remained, because the air and the space that it inhabited above its roots still held a certain sort of energy. Life, soul – I could still feel it there. It's just its leaves, its branches, its huge trunk – if you looked up, you could imagine them outlined by the night's stars in the sky. My great tree's life couldn't

> be ended or erased so easily because of its history. Its imprint was too great. It was too old. It was too strong. And it had contained too much magic. It had stood in witness to everything that happened on that street beneath its arms, all the joy, all the heartbreak, all the confusion, and all the life. We live amongst ghosts, who are always trying to reach us from that other world. And they are with us every step of our way. My dead father, he's still with me. Every day. I don't think a day goes by that I don't feel his imprint on me in some way. [...] It's a visitation. I get to visit with my Pop, and Clarence, I get to see him, be with him, too, and Danny and Walter and Bart and my Mom as she's dressed perfectly, walking to work. And so my Randolph Street Family, these five little houses, all of that has disappeared. But the soul, the soul is different, the soul is stubborn, it doesn't dissipate so quickly, souls remain, here, in the air, in empty space, in the dirt. And in the songs we sing, the stories that we tell one another, the soul resides. It's alive in my blood, in my people, in my place, my times, and maybe that's what I've been looking for when I go down there. I want to hear my grandmother's voice calling me in one more evening, I want to commune with the spirits, I want to stand in their sacred presence, I want to feel their hands upon me, their living son. And I want to let them know that I remember. I remember them all.

Wie alles, was Bruce Springsteen gesungen, gesagt und – im mehrfachen Sinne – gespielt hat, ist auch diese Ansprache nur ein Angebot. Zu einer Konversation wird sie erst, wenn sie ein Publikum findet, das auf sie reagiert – interessiert oder skeptisch, identifikatorisch oder schulterzuckend, berührt oder irritiert. Letzteres wäre zumal angesichts des Vaterunsers

nachvollziehbar, mit dem Springsteen die Anmoderation von »I'll See You In My Dreams« am Ende seiner Broadway-Show beschließt und damit sowohl den Anspruch seines Angebots als auch dessen Fallhöhe unterstreicht (vgl. auch Springsteen 2016, 505). Dasselbe gilt für die Gestaltung seines letzten Albums und der späten Tourneen als Trauerrituale im Besonderen wie für das Selbstverständnis, in einer lebenslangen Unterhaltung mit seinem Publikum zu stehen, im Allgemeinen: Zur Kommunikation wird Popmusik erst durch eine Reaktion auf solche Angebote. Aber selbst wenn man einen Songtext wie denjenigen von »Ghosts«, eine Melodie wie diejenige von »I'll see You in My Dreams« oder ein Bild wie dasjenige des Baums in der Randolph Street weniger emotional berührend als stereotyp oder gar als ideologisch empfinden mag – noch solche distanzierteren Wahrnehmungen, für die dieses Buch auch Beispiele benannt hat, bleiben Bestandteil des fraglichen Austauschs und tragen zur Fortsetzung von Springsteens Unterhaltung mit seinem Publikum bei.

Gleiches gilt für das Bild, das ich auf den voranstehenden Seiten von Springsteens musikalischer Entwicklung sowie seinen Auftritten, Geschichten, Stellungnahmen und Identifikationsangeboten zu umreißen versucht habe. Auch wenn ich das Buch aus meiner Fanperspektive und auf der Grundlage meiner Eindrücke und Begegnungen auf der Tour 2023 geschrieben habe, war mein Ausgangspunkt neben dem Phänomen Springsteen selbst die Beobachtung gewesen, wie viele Menschen seine Person, seine Musik und seine Aussagen als Angebot verstehen, von dem sie sich berühren lassen und dessen Fehlen als Lücke empfunden werden würde. Dieses Angebot eines lebensbegleitenden Austauschs sichert Springsteen einen Platz nicht nur in den Biographien seiner Fans, sondern auch in der Geschichte der Popmusik.

Dank

Dieses Buch zu schreiben, war ein Lebenstraum, und es gibt eine Reihe Personen, die seine Verwirklichung ermöglicht haben: allen voran Gerhard Kaiser, der mich vor Jahr und Tag eingeladen hat, die neue Reihe zur Popgeschichte im Wallstein Verlag mit einem Band über Springsteen zu eröffnen – weder, was meine Person noch, was das Thema angeht, eine Selbstverständlichkeit, aber der Beginn eines der besten Jahre meines Lebens, in dem ich zunächst mehrere Monate lang der Springsteen-Tour durch die USA und Europa folgen und danach meine Eindrücke im Rahmen eines Sabbaticals an der kalifornischen Pazifikküste zu Papier bringen konnte.

Nicht minder dankbar bin ich meiner Lektorin Rahel Simon, die das Projekt – obwohl bekennenderweise kein Bruce-Fan – von Beginn an mit größter Sympathie unterstützt und inzwischen durch das eine oder andere Video wohl auch einen derjenigen Funken abbekommen hat, ohne die man bekanntlich kein Feuer starten kann.

Mein Dank gilt außerdem Susanne Düwell und Livia Kleinwächter, die die ersten Kapitelentwürfe kritisch mit mir diskutiert haben – ebenso wie noch einmal Gerhard Kaiser sowie Martin Roussel, dem ich kurz vor Manuskriptabschluss auf einer Bahnfahrt begegnet bin und dessen Begeisterung und Expertise mich daran erinnert haben: »Hey, I'm not alone!«

Wichtig waren mir auch die Coversessions mit Johannes Quack sowie der Enthusiasmus und die Hilfsbereitschaft von Alex und Henrik auf Twitter. Und bereichert wurden das Jahr und das Buch durch alle, die ich bei Konzerten getroffen habe oder die mich begleitet haben: Åsa, Natalie und Tammy in Philadelphia, Matthias in Paris, Frank und Roland in Landgraaf, Sheila, Johannes, Monica sowie (zum dritten Mal) Gerhard in Düsseldorf, Vera in Hamburg und Mia in Hockenheim (wie auch Jula und Linus seinerzeit in Mönchengladbach).

Ob ich auch Gary, Danny, Clarence, Max, Roy, Steve, Nils, Patti, Soozie, Charlie, Jake und Bruce zu diesen Begegnungen und Begleitungen zählen darf, können alle, die bis hierhin gelesen haben, nun ohne Weiteres selbst entscheiden. Mein Dank für die lebenslange Unterhaltung mit ihnen könnte jedenfalls nicht größer sein.

Widmen möchte ich das Buch der Erinnerung an meinen Freund Jochen Venus, dem das Kommunizieren mit und über Musik so nah war wie wenigen. I'll see you in my dreams.

Santa Cruz und Bonn, September 2023 – Mai 2024

Literatur

Adler, Natalie: My Butch Lesbian Mom, Bruce Springsteen. Why Should Dads Get to Lay Sole Claim to the Boss? In: Electric Literature, 7.2.2018 (online; wiederabgedruckt als »Our Butch Mother, Bruce Springsteen«. In: Jonathan D. Cohen/June Skinner Sawyers [Hg.]: Long Walk Home Reflections on Bruce Springsteen. New Brunswick u.a. 2019, 155-175)

Alterman, Eric: It Ain't No Sin To Be Glad You're Alive: The Promise of Bruce Springsteen. New York/Boston 1999

Augé, Marc: Nicht-Orte. München 2010

Bauman, Zygmunt: Gemeinschaften. Auf der Suche nach Sicherheit in einer bedrohlichen Welt. Frankfurt a.M. 2009

Baxter-Moore, Nick: »The Ties that Bind«: Springsteen Fans Reflect on Live Concert Experience. In: Rock Studies 3 (2016), 80-104

Binelli, Mark: Bruce Springsteen's American Gospel. In: Rolling Stone, 22.8.2002 (online)

Bird, Elizabeth: »Is that me, Baby?« Image, Authenticity, and the Career of Bruce Springsteen. In: American Studies 35,2 (1994), 39-57

Carlin, Peter Ames: Bruce. New York u.a. 2012

Cavicchi, Daniel: Tramps Like Us: Music & Meaning Among Springsteen Fans. New York/Oxford 1998

Clemons, Clarence/Reo, Don: Big Man. Real Life & Tall Tales. New York/Boston 2009

Cohen, Jonathan D./Sawyers, June Skinner (Hg.): Long Walk Home. Reflections on Bruce Springsteen. New Brunswick u.a. 2019

Cullen, Jim: Born in the U.S.A. Bruce Springsteen and the American Tradition. New York 1997

Davis, Stephen: Van Morrison Interview. In: New Age, August 1985 (online)

De Lillo, Don: Falling Man. New York 2007

Deters, Monica: Dance with the Boss. Wie Mitarbeiter ihre Chefs taktvoll führen. Frankfurt/New York 2015

Devenish, Colin: Bruce Backlash in N. Y. In: Rolling Stone, 16. 8. 2004 (online)

Diederichsen, Diedrich: Über Pop-Musik. Köln 2014

Dinerstein, Joel: The Soul Roots of Bruce Springsteen's American Dream. In: American Music 25 (2007), 441-476

Dore, Florence (Hg.): The Ink in the Groove. Conversations on Literature and Rock'n'Roll. Ithaca/London 2022

Dylan, Bob: Nobel Lecture, 5. 6. 2017 (online)

Elliott, Richard: Brilliant Disguises: Persona, Autobiography and the Magic of Retrospection in Bruce Springsteen's Late Career. In: Persona Studies 5,1 (2019), 17-32

Fanshel, Rosalie Zidzienicka: Beyond Blood Brothers. Queer Bruce Springsteen. In: Popular Music 32 (2013), 359-383

Fisher, Joseph P./Flota, Brian (Hg.): The Politics of Post-9/11 Music: Sound, Trauma, and the Music Industry in the Time of Terror. London/New York 2011

Foer, Jonathan Safran: Extremely Loud and Incredibly Close. New York 2005

Gengaro, Christine Lee: Requiems for a City: Popular Music's Response to 9/11. In: Popular Music and Society 32 (2009), 25-36

Goodmann, Sarah Elizabeth: Beyond the Palace. [Eigenverlag] 2010

Greene, Andy: Bruce Springsteen Breaks Down His R&B Covers LP – And Responds to Fan Outrage Over Ticket Prices. In: Rolling Stone, 18. 11. 2022 (online)

Guralnick, Peter: Last Train to Memphis. The Rise of Elvis Presley. Boston u. a. 1994

Harde, Roxanne: »Living in your American skin«. Bruce Springsteen and the Possibility of Politics. In: Canadian Review of American Study 43,1 (2013), 125-144

Hiatt, Brian: Bruce Springsteen. The Stories Behind the Songs. London 2019

Hiatt, Brian: Ghosts, Guitars, and the E Street Shuffle. In: Rolling Stone, 20. 9. 2020 (online)

Horton, Donald/Wolf, Richard: Mass Communication and Para-Social

Interaction: Observation on Intimacy at a Distance. In: Psychiatry 19 (1956), 215-229

Hyden, Stephen: There Was Nothing You Could Do: Bruce Springsteen's »Born in the U.S.A.« and the Ende of the Heartland. New York 2024

Jones, Prudence: Tradition and Originality in the Songs of Bruce Springsteen. In: BOSS: The Biannual Online-Journal of Springsteen Studies 3 (2018), 28-59

Kirschbaum, Erik: Rocking the Wall. Bruce Springsteen. The Berlin Concert that Changed the World. New York 2013

Klein, Joe: Woody Guthrie – A Life. New York 1980

Kleiner, Marcus S.: Bruce Springsteen. 100 Seiten. Stuttgart 2022

Kovic, Ron: Born on the Fourth of July. New York 1976

Landau, Jon: Growing Young with Rock'n'Roll. In: The Real Paper, 22.5.1974 (online)

Luhmann, Niklas: Liebe als Passion. Zur Codierung von Intimität. Frankfurt a.M. 1982

Mangione, Lorraine/Luff, Donna: Mary Climbs in: The Journeys of Bruce Springsteen's Women Fans. New Brunswick 2023

Manzoor, Sarfraz: Greetings from Bury Park. A Memoir. New York 2019

Marcus, Greil: Mystery Train. Images of America in Rock'n'Roll Music. Boston 1975

Margotin, Philipp/Guesdon, Jean-Michel: Bruce Springsteen: The Songs. The Story Behind Every Track. London 2020

Marsh, Dave: Bruce Springsteen Raises Cain. In: Rolling Stone, 24.8.1978 (online)

Marsh, Dave: Born To Run. The Bruce Springsteen Story. London 1981

Marsh, Dave: Glory Days. Bruce Springsteen in the 1980s. New York 1987

Masciotra, David: Working on a Dream. The Progressive Political Vision of Bruce Springsteen. New York 2010

Obama, Barack: Dreams from My Father. A Story of Race and Inheritance. New York 1995

Obama, Barack/Springsteen, Bruce: Renegades. Born in the USA. Dreams – Myths – Music. New York 2021

O'Connor, Flannery: A Good Man Is Hard to Find and Other Stories. Orlando u.a. 1955

Pareles, Jon: Born to Run, or at Least to Be Redeemed. New York Times, 13.6.2000 (online)

Pethes, Nicolas: »Trading Wings for Wheels«. Utopie des Wegfahrens und Realität des Verkehrsstaus in Bruce Springsteens »Born to Run«. In: Zeitschrift für Literaturwissenschaft und Linguistik (LiLi) 46,2 (2016), 271-284

Pethes, Nicolas: »We love you!«, »We need you!«, »Don't stop!« Bruce Springsteen als »Last Man Standing«. In: Pop. Kultur und Kritik, Heft 23 (2023), 132-145

Phillips, Christopher/Masur, Louis P. (Hg.): Talk About a Dream. The Essential Interviews of Bruce Springsteen. New York u.a. 2013

Remnick, David: We Are Alive. Bruce Springsteen at 62. In: The New Yorker, 23.7.2012, 38-57 (auch online sowie auf Deutsch als: Über Bruce Springsteen. München 2013)

Ritter, Jonathan/Daughtry, J. Martin (Hg.): Music in the Post-9/11 World. London 2013

Rolling Stone (Hg.): Bruce Springsteen. The Rolling Stone Files. New York 1996

Rotella, Sebastian: Border Patrol Push Diverts Flow. In: Los Angeles Times, 17.10.1994 (online)

Rose, Caryn: Bruce Springsteen: Only the Strong Survive. Play it Steve. In: Substack, 10.1.2022 (online)

Springsteen, Bruce: Songs. New York 1998

Springsteen, Bruce: Eulogy for Clarence Clemons. In: Rolling Stone, 29.6.2011 (online)

Springsteen, Bruce: Born to Run. London u.a. 2016

Steinbeck, John: The Grapes of Wrath. New York 1939

Stewart, Jon: Bruce Springsteen's State of the Union. In: Rolling Stone, 29.3.2012, 39-45 (auch online)

Streight, Irwin: The Ghost of Flannery O'Connor in the Songs of Bruce Springsteen. In: Flannery O'Connor Review 6 (2008), 11-29

Symynkywicz, Jeffrey: The Gospel According to Bruce: Rock and Redemption from Asbury Park to Magic. Louisville/London 2008

Thomas, Richard: Why Bob Dylan Matters. New York 2017
Tyrangiel, Josh/Carcaterra, Kate: Bruce Rising. An Intimate Look At How Springsteen Turned 9/11 Into a Message of Hope. In: Time Magazine, 5.8.2002 (online)
Van Zandt, Stevie: Unrequited Infatuations. Odyssee of a Rock'n'Roll Consigliere (A Cautionary Tale). New York 2021
Wilentz, Sean: Bob Dylan in America. London 2010
Wood, Mikael: The Bob Dylan Interview. In: Rolling Stone, 25.10.2012 (online)
Zanes, Warren: Deliver me from Nowhere. The Making of Bruce Springsteen's Nebraska. New York 2023
Zoladz, Lindsay: Bruce Springsteen Is Living in the Moment. In: The New York Times, 18.10.2020 (online)

Abbildungen

Kapitel 1: Bruce Springsteen »Rosalita«, Philadelphia, 16.3.2023, YouTube-Screenshot [nicht mehr verfügbar]

Kapitel 2: Born To Run, Albumcover, Photographie von Eric Meola, 1975

Kapitel 3: Bruce Springsteen auf der »Darkness«-Tour 1978, Copyright Lynn Goldsmith

Kapitel 4: Bruce Springsteen in Melbourne, 15.2.1997, Copyright Martin Philbey/Getty Images

Kapitel 5: Bruce Springsteen vor dem Lincoln Memorial, 18.1.2009, Copyright Justin Sullivan/Getty Images

Kapitel 6: Bruce Springsteen in Detroit, 30.7.1984, Copyright David Gahr/Getty Images

Kapitel 7: Bruce Springsteen in East Rutherford, 4.4.2012 (YouTube-Screenshot aus »Tenth ave freeze out/Clarence Clemons/Big Man tribute«)

Musik

Studioalben

Greetings from Asbury Park, New Jersey, Columbia 1973
The Wild, the Innocent & the E Street Shuffle, Columbia 1973
Born to Run, Columbia 1975
Darkness on the Edge of Town, Columbia 1978
The River, Columbia 1980
Nebraska, Columbia 1982
Born in the U.S.A., Columbia 1984
Tunnel of Love, Columbia 1987
Human Touch, Columbia 1992
Lucky Town, Columbia 1992
The Ghost of Tom Joad, Columbia 1995
The Rising, Columbia 2002
Devils and Dust, Columbia 2005
We Shall Overcome: The Seeger Sessions, Columbia 2006
Magic, Columbia 2007
Working on a Dream, Columbia 2009
The Promise, Columbia 2010
Wrecking Ball, Columbia 2012
High Hopes, Columbia 2014
Western Stars, Columbia 2017
Letter to You, Columbia 2020
Only the Strong Survive, Columbia 2022

Kompilationen und Outtakes

Greatest Hits, Columbia 1995
Tracks, Columbia 1998
18 Tracks, Columbia 1998
The Essential Bruce Springsteen, Columbia 2003
Born to Run. Thirtieth Anniversary Edition, Columbia 2005
The Promise: The Darkness on the Edge of Town Story, Columbia 2008
Greatest Hits, Walmart 2009
The Ties that Bind: The River Collection, Columbia 2015
Chapter and Verse, Columbia 2016
Best of, Sony 2024

Live-Alben

Live 1975-85, Columbia 1986
In Concert. MTV (Un)Plugged, Columbia 1993
Live in New York City, Columbia 2001
Live in Dublin, Columbia 2007
Springsteen on Broadway, Columbia 2018
The Legendary 1979 No Nukes Concerts, Columbia 2021

Bruce Springsteen Archives (Auswahl)

The Roxy, West Hollywood, CA, July 7, 1978, nugs.net 2018
The Agora, Cleveland, OH, August 9, 1978, nugs.net 2014
Capitol Theatre, Passaic, NJ, September 19, 1978, nugs.net 2019 [= *Pièce de Résistance*]
Fox Theatre, Atlanta, GA, September 30, 1978, nugs.net 2020
Winterland Arena, San Francisco, CA, December 15, 1978, nugs.net 2019 [= Live in the Promised Land]
Nassau Colliseum, New York, 12/29/80, nugs.net 2019
Brendan Byrne Arena, NJ, August 20, 1984, nugs.net 2018
The Christic Shows, November 16 & 17 1990, nugs.net 2016

Madison Square Garden, New York, 07/01/2000, nugs.net 2017
Scottsdale Centre, St Louis, 8/23/2008, nugs.net 2017
February 1, 2023 Tampa, Florida, nugs.net 2023
March 16, 2023 Philadelphia, PA, nugs.net 2023
March 18, 2023 State College, PA, nugs.net 2023
May 13, 2023 Paris, France, nugs.net 2023
June 16, 2023 Birmingham, GB, nugs.net 2023
June 21, 2023 Düsseldorf, DE, nugs.net 2023
September 3, 2023 East Rutherford, NJ, nugs.net 2023

Live DVDs

Hammersmith Odeon 1975, Sony 2005
Houston '78, Sony 2010
In Concert. MTV (Un)Plugged, Sony 1993
The Complete Video Anthology 1978-2000, Sony 2001
Live in New York City, Sony 2001
Live in Barcelona, Sony 2003
VH1 Storytellers, Sony 2005
Bruce Springsteen with the Sessions Band: Live in Dublin, Sony 2007
London Calling: Live in Hyde Park, Sony 2010
Darkness on the Edge of Town, Paramount Theatre, Columbia 2010
The Legendary 1979 No Nukes Concerts, Columbia 2021

YouTube-Videos (chronologisch)

James Brown performs »Please Please Please« at The TAMI Show (live) [29.10.1964]
Rosalita (come out tonight) (Phoenix, 78) (from Thrill Hill Vault 1976-78) [8.7.1978]
Bruce Springsteen – Badlands (Tempe 1980) [5.11.1980]
August 20th, 1981 – Los Angeles, CA [A Night for the Vietnam Veterans]
Bruce Springsteen – Dancing in the Dark (official video) [29.6.1984]
Bruce Springsteen – Fire (rare) [Mountainview, CA, 13.10.1986]

Bruce Springsteen – Chimes of Freedom (East Berlin 1988, with speech) [19.7.1988]

Springsteen Live on street in Kopenhagen 1988 [23.7.1988]

Bruce Springsteen & The E Street Band – Light of Day (Live in New York City) [29.6.2000]

Bruce Springsteen – Blood Brothers (NYC, 1/07/2000)

Bruce Springsteen – America: A Tribute to Heroes (21 Sept 2001) – My City of Ruins

I'm a Rocker – Bruce Springsteen (12-11-2002 U.S. Bank Arena, Cincinnati, Ohio)

Bruce Springsteen Empty Sky Atlantic City 07.3.2003

Bruce Springsteen – The Promised Land – Düsseldorf 2005-06-16 CLOSEUP

Bruce Springsteen – Backstreets (Live 2008-04-22) [Tampa, Florida]

Bruce Springsteen the Rising Obama [18.1.2009]

Bruce Springsteen Building a House in Glasgow from the Pit [16.7.2009]

Springsteen – All Shook Up – The Spectrum October 19, 2009 [Philadelphia]

Bruce Springsteen – 2012 SXSW Keynote Address [15.3.2012]

Bruce Springsteen Cologne 27.5.2012 »Storytelling: Ghost Story«

Bruce Springsteen & The E Street Band – Jungleland (Ullevi Stadium, Göteborg, SUE – 28.7.2012)

Bruce Springsteen – We are alive – Helsinki 7/31/12 HD

My City of Ruins Bruce Springsteen at Wrigley Field September 8, 2012 [Chicago]

Bruce Springsteen – You Never Can Tell (Leipzig 7.7.13)

Flores Brothers sing with Bruce Springsteen – No Surrender (Houston – 2014) [5.6.2014]

»Blinded by the light« – Bruce Springsteen & special guest [Brooklyn, 25.4.2016]

Bruce Springsteen & Matthew Aucoin – No Surrender (Multi Cam) Philadelphia (9/9/16)

Bruce Springsteen – Apple Music ›Letter To You‹ Interview [Zane Lowe, 2020]

Bruce Springsteen Performs »Land of Hope and Dreams«. Biden-Harris Inauguration 2021 [20.1.2021]
Jeep – The Middle Super Bowl LV Ad ft. Bruce Springsteen [2021]
Bruce Springsteen – The River in Birmingham 2023 [16.6.2023]

Filme und Dokumentationen

The Grapes of Wrath, Regie: John Ford, USA 1940
Taxi Driver, Regie: Martin Scorsese, USA 1976
Badlands, Regie: Terrence Malick, USA 1977
Stardust Memories, Regie: Woody Allen, USA 1980
Indian Runner, Regie: Sean Penn, USA 1991
Bruce Springsteen – Blood Brothers, Regie: Ernie Fritz, USA 1996
Wings for Wheels: The Making of ›Born to Run‹, Regie: Thom Zimny, USA 2005
The Promise: The Making of Darkness on the Edge of Town. Regie: Thom Zimny, USA 2010
Springsteen and I, Regie: Baillie Walsh, USA 2103
Springsteen on Broadway, Regie: Thom Zimny, USA 2018
Blinded by the Light, Regie: Gurinder Chada, GB 2019
Western Stars, Regie: Thom Zimny, USA 2019
Letter to You, Regie: Thom Zimny, USA 2020
The Greatest Night in Pop, Regie: Bao Nguyen, USA/UK 2024

Podcasts und Radiosendungen

Set Lusting Bruce (Jesse Jackson), seit 2015
Bruce Springsteen Sings the Alphabet (Rob Carmack/J. B. Clark), 2015-2023
Bruce Springsteen. Desert Island Discs (Kirsty Young), BBC Radio 4, 18.12.2016
Tramps Like Us (Lee McCormack), 2017-2023
None but the Brave (Flynn McLean/Hal Schwartz), seit 2019
That One Lyric (Ted Canova), seit 2020
The E Street Café (Jeff Matthews), seit 2022

Bruce Springsteen channels soul music's icons on ›Only the Strong Survive‹. World Café Words and Music Podcast (Raina Douris/Miguel Perez/Bruce Warren), NPR, 9.12.2022

U Springin' Springsteen on My Beans (Adam Scotts/Scott Aukerman), 2023

Webseiten

www.brucespringsteen.net
https://brucebase.wikidot.com
www.springsteenlyrics.com
https://backstreets.com
https://brucefunds.org

Zur Reihe »Popgeschichte«

Mit Nicolas Pethes' Essay *Springsteen. A Lifetime conversation* eröffnet der Wallstein Verlag seine neue Reihe *Popgeschichte*. In ihrem Zentrum steht die Kulturgeschichte der Popmusik. Und dies aus gutem Grund; hat doch Popmusik seit ihrer ›Erfindung‹ in den 1950er Jahren eine erstaunliche Entwicklung durchlaufen. Die einst als anrüchig oder irgendwie subversiv geltende Angelegenheit jugendlicher Minderheiten ist mittlerweile zu einem allgegenwärtigen Lebensbegleitmedium geworden. Immer verfügbar, kulturell akzeptiert und ökonomisch gewichtig, ist sie in alle Gesellschaftsbereiche und -milieus vorgedrungen. Kulturpessimistisch eingedunkeltere Stimmen sehen damit das ›Ende der Popkunst‹ (wie sie sie kannten) als Leit- und Orientierungsmedium jugendlicher Selbstverständigung gekommen. Zukunftsoffenere Kommentare indes konstatieren lediglich einen weiteren, für die Geschichte der Popmusik ohnehin kennzeichnenden Medien- und Generationenwechsel – nicht zuletzt auch, da die Held:innen der »Pop I«- und »Pop II«-Ära (Diedrich Diederichsen) nach und nach den Weg alles Irdischen gehen (werden) – und sie verweisen zudem auf die gerade in der Gegenwart stärker denn je identitätsstiftende Funktion vor allem weiblicher Akteurinnen wie Taylor Swift, Beyoncé oder Billie Eilish.

In jedem Fall gibt es also Gründe genug, um innezuhalten und einen archäologischen Rückblick zu wagen auf eine knapp 70-jährige Geschichte jener Popmusik, die wohl wie keine zweite Kunstform die Mentalitäten der vergangenen Jahrzehnte geprägt hat. Mit dieser Reihe wollen wir jenseits von terminologisch-theoretischem Jargon und subjektivfanhafter Befindlichkeitsprosa einen Raum schaffen, in dem dichte Beschreibungen von pophistorischen Einzelphänomenen (Songs, Alben, Stile, Akteure, Konzerte, Medienereignisse) ihren Ort haben, ebenso wie kulturwissenschaftliche Analysen jener sozial-, medien-, politik- und diskursgeschichtlichen Entwicklungsprozesse, die diese Einzelphänomene bedingen und ermöglichen. Von Nostalgie frei, aber voller Staunen und Interesse soll die Reihe *Popgeschichte* deshalb der Leitfrage folgen: Was (und wie) ist eigentlich Popmusik gewesen?

Wir danken Nicolas Pethes für die Bereitschaft und den wagemutigen Enthusiasmus, diese Reihe mit seinem großen Essay über Bruce Springsteen zu eröffnen.

Gerhard Kaiser / Rahel Simon
Düsseldorf und Göttingen, im Juli 2024